反垄断法实用指南

含文书范本、典型案例

FANLONGDUANFA
SHIYONG ZHINAN

HAN WENSHU FANBEN、DIANXING ANLI

中国法制出版社
CHINA LEGAL PUBLISHING HOUSE

目　录

一、综　合

二、垄断违法行为规制

三、经营者集中

四、反垄断指南、指引

五、反垄断文书范本

六、反垄断典型案例

一 综 合

中华人民共和国反垄断法

（2007 年 8 月 30 日第十届全国人民代表大会常务委员会第二十九次会议通过　根据 2022 年 6 月 24 日第十三届全国人民代表大会常务委员会第三十五次会议《关于修改〈中华人民共和国反垄断法〉的决定》修正）

第一章　总　　则

第一条　为了预防和制止垄断行为，保护市场公平竞争，鼓励创新，提高经济运行效率，维护消费者利益和社会公共利益，促进社会主义市场经济健康发展，制定本法。

第二条　中华人民共和国境内经济活动中的垄断行为，适用本法；中华人民共和国境外的垄断行为，对境内市场竞争产生排除、限制影响的，适用本法。

第三条　本法规定的垄断行为包括：

（一）经营者达成垄断协议；

（二）经营者滥用市场支配地位；

（三）具有或者可能具有排除、限制竞争效果的经营者集中。

第四条　反垄断工作坚持中国共产党的领导。

国家坚持市场化、法治化原则，强化竞争政策基础地位，制定和实施与社会主义市场经济相适应的竞争规则，完善宏观调控，健全统一、开放、竞争、有序的市场体系。

第五条 国家建立健全公平竞争审查制度。

行政机关和法律、法规授权的具有管理公共事务职能的组织在制定涉及市场主体经济活动的规定时，应当进行公平竞争审查。

第六条 经营者可以通过公平竞争、自愿联合，依法实施集中，扩大经营规模，提高市场竞争能力。

第七条 具有市场支配地位的经营者，不得滥用市场支配地位，排除、限制竞争。

第八条 国有经济占控制地位的关系国民经济命脉和国家安全的行业以及依法实行专营专卖的行业，国家对其经营者的合法经营活动予以保护，并对经营者的经营行为及其商品和服务的价格依法实施监管和调控，维护消费者利益，促进技术进步。

前款规定行业的经营者应当依法经营，诚实守信，严格自律，接受社会公众的监督，不得利用其控制地位或者专营专卖地位损害消费者利益。

第九条 经营者不得利用数据和算法、技术、资本优势以及平台规则等从事本法禁止的垄断行为。

第十条 行政机关和法律、法规授权的具有管理公共事务职能的组织不得滥用行政权力，排除、限制竞争。

第十一条 国家健全完善反垄断规则制度，强化反垄断监管力量，提高监管能力和监管体系现代化水平，加强反垄断执法司法，依法公正高效审理垄断案件，健全行政执法和司法衔接机制，维护公平竞争秩序。

第十二条 国务院设立反垄断委员会，负责组织、协调、指导反垄断工作，履行下列职责：

（一）研究拟订有关竞争政策；

（二）组织调查、评估市场总体竞争状况，发布评估报告；

（三）制定、发布反垄断指南；

（四）协调反垄断行政执法工作；

（五）国务院规定的其他职责。

国务院反垄断委员会的组成和工作规则由国务院规定。

第十三条 国务院反垄断执法机构负责反垄断统一执法工作。

国务院反垄断执法机构根据工作需要，可以授权省、自治区、直辖市人民政府相应的机构，依照本法规定负责有关反垄断执法工作。

第十四条 行业协会应当加强行业自律，引导本行业的经营者依法竞争，合规经营，维护市场竞争秩序。

第十五条 本法所称经营者，是指从事商品生产、经营或者提供服务的自然人、法人和非法人组织。

本法所称相关市场，是指经营者在一定时期内就特定商品或者服务（以下统称商品）进行竞争的商品范围和地域范围。

第二章 垄断协议

第十六条 本法所称垄断协议，是指排除、限制竞争的协议、决定或者其他协同行为。

第十七条 禁止具有竞争关系的经营者达成下列垄断协议：

（一）固定或者变更商品价格；

（二）限制商品的生产数量或者销售数量；

（三）分割销售市场或者原材料采购市场；

（四）限制购买新技术、新设备或者限制开发新技术、新产品；

（五）联合抵制交易；

（六）国务院反垄断执法机构认定的其他垄断协议。

第十八条 禁止经营者与交易相对人达成下列垄断协议：

（一）固定向第三人转售商品的价格；

（二）限定向第三人转售商品的最低价格；

（三）国务院反垄断执法机构认定的其他垄断协议。

对前款第一项和第二项规定的协议，经营者能够证明其不具有排除、限制竞争效果的，不予禁止。

经营者能够证明其在相关市场的市场份额低于国务院反垄断执法机构规定的标准，并符合国务院反垄断执法机构规定的其他条件的，不予禁止。

第十九条 经营者不得组织其他经营者达成垄断协议或者为其他经营者达成垄断协议提供实质性帮助。

第二十条 经营者能够证明所达成的协议属于下列情形之一的，不适用本法第十七条、第十八条第一款、第十九条的规定：

（一）为改进技术、研究开发新产品的；

（二）为提高产品质量、降低成本、增进效率，统一产品规格、标准或者实行专业化分工的；

（三）为提高中小经营者经营效率，增强中小经营者竞争力的；

（四）为实现节约能源、保护环境、救灾救助等社会公共利益的；

（五）因经济不景气，为缓解销售量严重下降或者生产明显过剩的；

（六）为保障对外贸易和对外经济合作中的正当利益的；

（七）法律和国务院规定的其他情形。

属于前款第一项至第五项情形，不适用本法第十七条、第十八条第一款、第十九条规定的，经营者还应当证明所达成的协议不会严重限制相关市场的竞争，并且能够使消费者分享由此产生的利益。

第二十一条 行业协会不得组织本行业的经营者从事本章禁止的垄断行为。

第三章 滥用市场支配地位

第二十二条 禁止具有市场支配地位的经营者从事下列滥用市场支配地位的行为：

（一）以不公平的高价销售商品或者以不公平的低价购买商品；

（二）没有正当理由，以低于成本的价格销售商品；

（三）没有正当理由，拒绝与交易相对人进行交易；

（四）没有正当理由，限定交易相对人只能与其进行交易或者只能与其指定的经营者进行交易；

（五）没有正当理由搭售商品，或者在交易时附加其他不合理的交易条件；

（六）没有正当理由，对条件相同的交易相对人在交易价格等交易条件上实行差别待遇；

（七）国务院反垄断执法机构认定的其他滥用市场支配地位的行为。

具有市场支配地位的经营者不得利用数据和算法、技术以及平台规则等从事前款规定的滥用市场支配地位的行为。

本法所称市场支配地位，是指经营者在相关市场内具有能够控制商品价格、数量或者其他交易条件，或者能够阻碍、影响其他经营者进入相关市场能力的市场地位。

第二十三条 认定经营者具有市场支配地位，应当依据下列因素：

（一）该经营者在相关市场的市场份额，以及相关市场的竞争状况；

（二）该经营者控制销售市场或者原材料采购市场的能力；

（三）该经营者的财力和技术条件；

（四）其他经营者对该经营者在交易上的依赖程度；

（五）其他经营者进入相关市场的难易程度；

（六）与认定该经营者市场支配地位有关的其他因素。

第二十四条 有下列情形之一的，可以推定经营者具有市场支配地位：

（一）一个经营者在相关市场的市场份额达到二分之一的；

（二）两个经营者在相关市场的市场份额合计达到三分之二的；

（三）三个经营者在相关市场的市场份额合计达到四分之三的。

有前款第二项、第三项规定的情形，其中有的经营者市场份额不足十分之一的，不应当推定该经营者具有市场支配地位。

被推定具有市场支配地位的经营者，有证据证明不具有市场支配地位的，不应当认定其具有市场支配地位。

第四章　经营者集中

第二十五条　经营者集中是指下列情形：

（一）经营者合并；

（二）经营者通过取得股权或者资产的方式取得对其他经营者的控制权；

（三）经营者通过合同等方式取得对其他经营者的控制权或者能够对其他经营者施加决定性影响。

第二十六条　经营者集中达到国务院规定的申报标准的，经营者应当事先向国务院反垄断执法机构申报，未申报的不得实施集中。

经营者集中未达到国务院规定的申报标准，但有证据证明该经营者集中具有或者可能具有排除、限制竞争效果的，国务院反垄断执法机构可以要求经营者申报。

经营者未依照前两款规定进行申报的，国务院反垄断执法机构应当依法进行调查。

第二十七条　经营者集中有下列情形之一的，可以不向国务院反垄断执法机构申报：

（一）参与集中的一个经营者拥有其他每个经营者百分之五十以上有表决权的股份或者资产的；

（二）参与集中的每个经营者百分之五十以上有表决权的股份或者资产被同一个未参与集中的经营者拥有的。

第二十八条　经营者向国务院反垄断执法机构申报集中，应当提交下列文件、资料：

（一）申报书；

（二）集中对相关市场竞争状况影响的说明；

（三）集中协议；

（四）参与集中的经营者经会计师事务所审计的上一会计年度财务会计报告；

（五）国务院反垄断执法机构规定的其他文件、资料。

申报书应当载明参与集中的经营者的名称、住所、经营范围、预定实施集中的日期和国务院反垄断执法机构规定的其他事项。

第二十九条 经营者提交的文件、资料不完备的，应当在国务院反垄断执法机构规定的期限内补交文件、资料。经营者逾期未补交文件、资料的，视为未申报。

第三十条 国务院反垄断执法机构应当自收到经营者提交的符合本法第二十八条规定的文件、资料之日起三十日内，对申报的经营者集中进行初步审查，作出是否实施进一步审查的决定，并书面通知经营者。国务院反垄断执法机构作出决定前，经营者不得实施集中。

国务院反垄断执法机构作出不实施进一步审查的决定或者逾期未作出决定的，经营者可以实施集中。

第三十一条 国务院反垄断执法机构决定实施进一步审查的，应当自决定之日起九十日内审查完毕，作出是否禁止经营者集中的决定，并书面通知经营者。作出禁止经营者集中的决定，应当说明理由。审查期间，经营者不得实施集中。

有下列情形之一的，国务院反垄断执法机构经书面通知经营者，可以延长前款规定的审查期限，但最长不得超过六十日：

（一）经营者同意延长审查期限的；

（二）经营者提交的文件、资料不准确，需要进一步核实的；

（三）经营者申报后有关情况发生重大变化的。

国务院反垄断执法机构逾期未作出决定的，经营者可以实施集中。

第三十二条 有下列情形之一的，国务院反垄断执法机构可以决定中止计算经营者集中的审查期限，并书面通知经营者：

（一）经营者未按照规定提交文件、资料，导致审查工作无法进行；

（二）出现对经营者集中审查具有重大影响的新情况、新事实，不经核实将导致审查工作无法进行；

（三）需要对经营者集中附加的限制性条件进一步评估，且经营者提出中止请求。

自中止计算审查期限的情形消除之日起，审查期限继续计算，国务院反垄断执法机构应当书面通知经营者。

第三十三条 审查经营者集中，应当考虑下列因素：

（一）参与集中的经营者在相关市场的市场份额及其对市场的控制力；

（二）相关市场的市场集中度；

（三）经营者集中对市场进入、技术进步的影响；

（四）经营者集中对消费者和其他有关经营者的影响；

（五）经营者集中对国民经济发展的影响；

（六）国务院反垄断执法机构认为应当考虑的影响市场竞争的其他因素。

第三十四条 经营者集中具有或者可能具有排除、限制竞争效果的，国务院反垄断执法机构应当作出禁止经营者集中的决定。但是，经营者能够证明该集中对竞争产生的有利影响明显大于不利影响，或者符合社会公共利益的，国务院反垄断执法机构可以作出对经营者集中不予禁止的决定。

第三十五条 对不予禁止的经营者集中，国务院反垄断执法机构可以决定附加减少集中对竞争产生不利影响的限制性条件。

第三十六条 国务院反垄断执法机构应当将禁止经营者集中的

决定或者对经营者集中附加限制性条件的决定，及时向社会公布。

第三十七条 国务院反垄断执法机构应当健全经营者集中分类分级审查制度，依法加强对涉及国计民生等重要领域的经营者集中的审查，提高审查质量和效率。

第三十八条 对外资并购境内企业或者以其他方式参与经营者集中，涉及国家安全的，除依照本法规定进行经营者集中审查外，还应当按照国家有关规定进行国家安全审查。

第五章 滥用行政权力排除、限制竞争

第三十九条 行政机关和法律、法规授权的具有管理公共事务职能的组织不得滥用行政权力，限定或者变相限定单位或者个人经营、购买、使用其指定的经营者提供的商品。

第四十条 行政机关和法律、法规授权的具有管理公共事务职能的组织不得滥用行政权力，通过与经营者签订合作协议、备忘录等方式，妨碍其他经营者进入相关市场或者对其他经营者实行不平等待遇，排除、限制竞争。

第四十一条 行政机关和法律、法规授权的具有管理公共事务职能的组织不得滥用行政权力，实施下列行为，妨碍商品在地区之间的自由流通：

（一）对外地商品设定歧视性收费项目、实行歧视性收费标准，或者规定歧视性价格；

（二）对外地商品规定与本地同类商品不同的技术要求、检验标准，或者对外地商品采取重复检验、重复认证等歧视性技术措施，限制外地商品进入本地市场；

（三）采取专门针对外地商品的行政许可，限制外地商品进入本地市场；

（四）设置关卡或者采取其他手段，阻碍外地商品进入或者本地商品运出；

（五）妨碍商品在地区之间自由流通的其他行为。

第四十二条 行政机关和法律、法规授权的具有管理公共事务职能的组织不得滥用行政权力，以设定歧视性资质要求、评审标准或者不依法发布信息等方式，排斥或者限制经营者参加招标投标以及其他经营活动。

第四十三条 行政机关和法律、法规授权的具有管理公共事务职能的组织不得滥用行政权力，采取与本地经营者不平等待遇等方式，排斥、限制、强制或者变相强制外地经营者在本地投资或者设立分支机构。

第四十四条 行政机关和法律、法规授权的具有管理公共事务职能的组织不得滥用行政权力，强制或者变相强制经营者从事本法规定的垄断行为。

第四十五条 行政机关和法律、法规授权的具有管理公共事务职能的组织不得滥用行政权力，制定含有排除、限制竞争内容的规定。

第六章 对涉嫌垄断行为的调查

第四十六条 反垄断执法机构依法对涉嫌垄断行为进行调查。

对涉嫌垄断行为，任何单位和个人有权向反垄断执法机构举报。反垄断执法机构应当为举报人保密。

举报采用书面形式并提供相关事实和证据的，反垄断执法机构应当进行必要的调查。

第四十七条 反垄断执法机构调查涉嫌垄断行为，可以采取下列措施：

（一）进入被调查的经营者的营业场所或者其他有关场所进行检查；

（二）询问被调查的经营者、利害关系人或者其他有关单位或者个人，要求其说明有关情况；

（三）查阅、复制被调查的经营者、利害关系人或者其他有关单位或者个人的有关单证、协议、会计账簿、业务函电、电子数据等文件、资料；

（四）查封、扣押相关证据；

（五）查询经营者的银行账户。

采取前款规定的措施，应当向反垄断执法机构主要负责人书面报告，并经批准。

第四十八条 反垄断执法机构调查涉嫌垄断行为，执法人员不得少于二人，并应当出示执法证件。

执法人员进行询问和调查，应当制作笔录，并由被询问人或者被调查人签字。

第四十九条 反垄断执法机构及其工作人员对执法过程中知悉的商业秘密、个人隐私和个人信息依法负有保密义务。

第五十条 被调查的经营者、利害关系人或者其他有关单位或者个人应当配合反垄断执法机构依法履行职责，不得拒绝、阻碍反垄断执法机构的调查。

第五十一条 被调查的经营者、利害关系人有权陈述意见。反垄断执法机构应当对被调查的经营者、利害关系人提出的事实、理由和证据进行核实。

第五十二条 反垄断执法机构对涉嫌垄断行为调查核实后，认为构成垄断行为的，应当依法作出处理决定，并可以向社会公布。

第五十三条 对反垄断执法机构调查的涉嫌垄断行为，被调查的经营者承诺在反垄断执法机构认可的期限内采取具体措施消除该行为后果的，反垄断执法机构可以决定中止调查。中止调查的决定应当载明被调查的经营者承诺的具体内容。

反垄断执法机构决定中止调查的，应当对经营者履行承诺的情况进行监督。经营者履行承诺的，反垄断执法机构可以决定终止调查。

有下列情形之一的，反垄断执法机构应当恢复调查：

（一）经营者未履行承诺的；

（二）作出中止调查决定所依据的事实发生重大变化的；

（三）中止调查的决定是基于经营者提供的不完整或者不真实的信息作出的。

第五十四条 反垄断执法机构依法对涉嫌滥用行政权力排除、限制竞争的行为进行调查，有关单位或者个人应当配合。

第五十五条 经营者、行政机关和法律、法规授权的具有管理公共事务职能的组织，涉嫌违反本法规定的，反垄断执法机构可以对其法定代表人或者负责人进行约谈，要求其提出改进措施。

第七章 法律责任

第五十六条 经营者违反本法规定，达成并实施垄断协议的，由反垄断执法机构责令停止违法行为，没收违法所得，并处上一年度销售额百分之一以上百分之十以下的罚款，上一年度没有销售额的，处五百万元以下的罚款；尚未实施所达成的垄断协议的，可以处三百万元以下的罚款。经营者的法定代表人、主要负责人和直接责任人员对达成垄断协议负有个人责任的，可以处一百万元以下的罚款。

经营者组织其他经营者达成垄断协议或者为其他经营者达成垄断协议提供实质性帮助的，适用前款规定。

经营者主动向反垄断执法机构报告达成垄断协议的有关情况并提供重要证据的，反垄断执法机构可以酌情减轻或者免除对该经营者的处罚。

行业协会违反本法规定，组织本行业的经营者达成垄断协议的，由反垄断执法机构责令改正，可以处三百万元以下的罚款；情节严重的，社会团体登记管理机关可以依法撤销登记。

第五十七条 经营者违反本法规定，滥用市场支配地位的，由反垄断执法机构责令停止违法行为，没收违法所得，并处上一年度销售额百分之一以上百分之十以下的罚款。

第五十八条 经营者违反本法规定实施集中，且具有或者可能具有排除、限制竞争效果的，由国务院反垄断执法机构责令停止实施集中、限期处分股份或者资产、限期转让营业以及采取其他必要措施恢复到集中前的状态，处上一年度销售额百分之十以下的罚款；不具有排除、限制竞争效果的，处五百万元以下的罚款。

第五十九条 对本法第五十六条、第五十七条、第五十八条规定的罚款，反垄断执法机构确定具体罚款数额时，应当考虑违法行为的性质、程度、持续时间和消除违法行为后果的情况等因素。

第六十条 经营者实施垄断行为，给他人造成损失的，依法承担民事责任。

经营者实施垄断行为，损害社会公共利益的，设区的市级以上人民检察院可以依法向人民法院提起民事公益诉讼。

第六十一条 行政机关和法律、法规授权的具有管理公共事务职能的组织滥用行政权力，实施排除、限制竞争行为的，由上级机关责令改正；对直接负责的主管人员和其他直接责任人员依法给予处分。反垄断执法机构可以向有关上级机关提出依法处理的建议。行政机关和法律、法规授权的具有管理公共事务职能的组织应当将有关改正情况书面报告上级机关和反垄断执法机构。

法律、行政法规对行政机关和法律、法规授权的具有管理公共事务职能的组织滥用行政权力实施排除、限制竞争行为的处理另有规定的，依照其规定。

第六十二条 对反垄断执法机构依法实施的审查和调查，拒绝提供有关材料、信息，或者提供虚假材料、信息，或者隐匿、销毁、转移证据，或者有其他拒绝、阻碍调查行为的，由反垄断执法机构责令改正，对单位处上一年度销售额百分之一以下的罚款，上一年度没有销售额或者销售额难以计算的，处五百万元以下的罚款；对个人处五十万元以下的罚款。

第六十三条 违反本法规定，情节特别严重、影响特别恶劣、造成特别严重后果的，国务院反垄断执法机构可以在本法第五十六条、第五十七条、第五十八条、第六十二条规定的罚款数额的二倍以上五倍以下确定具体罚款数额。

第六十四条 经营者因违反本法规定受到行政处罚的，按照国家有关规定记入信用记录，并向社会公示。

第六十五条 对反垄断执法机构依据本法第三十四条、第三十五条作出的决定不服的，可以先依法申请行政复议；对行政复议决定不服的，可以依法提起行政诉讼。

对反垄断执法机构作出的前款规定以外的决定不服的，可以依法申请行政复议或者提起行政诉讼。

第六十六条 反垄断执法机构工作人员滥用职权、玩忽职守、徇私舞弊或者泄露执法过程中知悉的商业秘密、个人隐私和个人信息的，依法给予处分。

第六十七条 违反本法规定，构成犯罪的，依法追究刑事责任。

第八章　附　　则

第六十八条 经营者依照有关知识产权的法律、行政法规规定行使知识产权的行为，不适用本法；但是，经营者滥用知识产权，排除、限制竞争的行为，适用本法。

第六十九条 农业生产者及农村经济组织在农产品生产、加工、销售、运输、储存等经营活动中实施的联合或者协同行为，不适用本法。

第七十条 本法自 2008 年 8 月 1 日起施行。

中华人民共和国反不正当竞争法

（1993年9月2日第八届全国人民代表大会常务委员会第三次会议通过　2017年11月4日第十二届全国人民代表大会常务委员会第三十次会议修订　根据2019年4月23日第十三届全国人民代表大会常务委员会第十次会议《关于修改〈中华人民共和国建筑法〉等八部法律的决定》修正）

第一章　总　　则

第一条　为了促进社会主义市场经济健康发展，鼓励和保护公平竞争，制止不正当竞争行为，保护经营者和消费者的合法权益，制定本法。

第二条　经营者在生产经营活动中，应当遵循自愿、平等、公平、诚信的原则，遵守法律和商业道德。

本法所称的不正当竞争行为，是指经营者在生产经营活动中，违反本法规定，扰乱市场竞争秩序，损害其他经营者或者消费者的合法权益的行为。

本法所称的经营者，是指从事商品生产、经营或者提供服务（以下所称商品包括服务）的自然人、法人和非法人组织。

第三条　各级人民政府应当采取措施，制止不正当竞争行为，为公平竞争创造良好的环境和条件。

国务院建立反不正当竞争工作协调机制，研究决定反不正当竞争重大政策，协调处理维护市场竞争秩序的重大问题。

第四条　县级以上人民政府履行工商行政管理职责的部门对不正当竞争行为进行查处；法律、行政法规规定由其他部门查处的，依照其规定。

第五条 国家鼓励、支持和保护一切组织和个人对不正当竞争行为进行社会监督。

国家机关及其工作人员不得支持、包庇不正当竞争行为。

行业组织应当加强行业自律，引导、规范会员依法竞争，维护市场竞争秩序。

第二章 不正当竞争行为

第六条 经营者不得实施下列混淆行为，引人误认为是他人商品或者与他人存在特定联系：

（一）擅自使用与他人有一定影响的商品名称、包装、装潢等相同或者近似的标识；

（二）擅自使用他人有一定影响的企业名称（包括简称、字号等）、社会组织名称（包括简称等）、姓名（包括笔名、艺名、译名等）；

（三）擅自使用他人有一定影响的域名主体部分、网站名称、网页等；

（四）其他足以引人误认为是他人商品或者与他人存在特定联系的混淆行为。

第七条 经营者不得采用财物或者其他手段贿赂下列单位或者个人，以谋取交易机会或者竞争优势：

（一）交易相对方的工作人员；

（二）受交易相对方委托办理相关事务的单位或者个人；

（三）利用职权或者影响力影响交易的单位或者个人。

经营者在交易活动中，可以以明示方式向交易相对方支付折扣，或者向中间人支付佣金。经营者向交易相对方支付折扣、向中间人支付佣金的，应当如实入账。接受折扣、佣金的经营者也应当如实入账。

经营者的工作人员进行贿赂的，应当认定为经营者的行为；但是，经营者有证据证明该工作人员的行为与为经营者谋取交易机会或者竞争优势无关的除外。

第八条 经营者不得对其商品的性能、功能、质量、销售状况、用户评价、曾获荣誉等作虚假或者引人误解的商业宣传，欺骗、误导消费者。

经营者不得通过组织虚假交易等方式，帮助其他经营者进行虚假或者引人误解的商业宣传。

第九条 经营者不得实施下列侵犯商业秘密的行为：

（一）以盗窃、贿赂、欺诈、胁迫、电子侵入或者其他不正当手段获取权利人的商业秘密；

（二）披露、使用或者允许他人使用以前项手段获取的权利人的商业秘密；

（三）违反保密义务或者违反权利人有关保守商业秘密的要求，披露、使用或者允许他人使用其所掌握的商业秘密；

（四）教唆、引诱、帮助他人违反保密义务或者违反权利人有关保守商业秘密的要求，获取、披露、使用或者允许他人使用权利人的商业秘密。

经营者以外的其他自然人、法人和非法人组织实施前款所列违法行为的，视为侵犯商业秘密。

第三人明知或者应知商业秘密权利人的员工、前员工或者其他单位、个人实施本条第一款所列违法行为，仍获取、披露、使用或者允许他人使用该商业秘密的，视为侵犯商业秘密。

本法所称的商业秘密，是指不为公众所知悉、具有商业价值并经权利人采取相应保密措施的技术信息、经营信息等商业信息。

第十条 经营者进行有奖销售不得存在下列情形：

（一）所设奖的种类、兑奖条件、奖金金额或者奖品等有奖销售信息不明确，影响兑奖；

（二）采用谎称有奖或者故意让内定人员中奖的欺骗方式进行有

奖销售；

（三）抽奖式的有奖销售，最高奖的金额超过五万元。

第十一条 经营者不得编造、传播虚假信息或者误导性信息，损害竞争对手的商业信誉、商品声誉。

第十二条 经营者利用网络从事生产经营活动，应当遵守本法的各项规定。

经营者不得利用技术手段，通过影响用户选择或者其他方式，实施下列妨碍、破坏其他经营者合法提供的网络产品或者服务正常运行的行为：

（一）未经其他经营者同意，在其合法提供的网络产品或者服务中，插入链接、强制进行目标跳转；

（二）误导、欺骗、强迫用户修改、关闭、卸载其他经营者合法提供的网络产品或者服务；

（三）恶意对其他经营者合法提供的网络产品或者服务实施不兼容；

（四）其他妨碍、破坏其他经营者合法提供的网络产品或者服务正常运行的行为。

第三章　对涉嫌不正当竞争行为的调查

第十三条 监督检查部门调查涉嫌不正当竞争行为，可以采取下列措施：

（一）进入涉嫌不正当竞争行为的经营场所进行检查；

（二）询问被调查的经营者、利害关系人及其他有关单位、个人，要求其说明有关情况或者提供与被调查行为有关的其他资料；

（三）查询、复制与涉嫌不正当竞争行为有关的协议、账簿、单据、文件、记录、业务函电和其他资料；

（四）查封、扣押与涉嫌不正当竞争行为有关的财物；

（五）查询涉嫌不正当竞争行为的经营者的银行账户。

采取前款规定的措施，应当向监督检查部门主要负责人书面报告，并经批准。采取前款第四项、第五项规定的措施，应当向设区的市级以上人民政府监督检查部门主要负责人书面报告，并经批准。

监督检查部门调查涉嫌不正当竞争行为，应当遵守《中华人民共和国行政强制法》和其他有关法律、行政法规的规定，并应当将查处结果及时向社会公开。

第十四条 监督检查部门调查涉嫌不正当竞争行为，被调查的经营者、利害关系人及其他有关单位、个人应当如实提供有关资料或者情况。

第十五条 监督检查部门及其工作人员对调查过程中知悉的商业秘密负有保密义务。

第十六条 对涉嫌不正当竞争行为，任何单位和个人有权向监督检查部门举报，监督检查部门接到举报后应当依法及时处理。

监督检查部门应当向社会公开受理举报的电话、信箱或者电子邮件地址，并为举报人保密。对实名举报并提供相关事实和证据的，监督检查部门应当将处理结果告知举报人。

第四章　法律责任

第十七条 经营者违反本法规定，给他人造成损害的，应当依法承担民事责任。

经营者的合法权益受到不正当竞争行为损害的，可以向人民法院提起诉讼。

因不正当竞争行为受到损害的经营者的赔偿数额，按照其因被侵权所受到的实际损失确定；实际损失难以计算的，按照侵权人因侵权所获得的利益确定。经营者恶意实施侵犯商业秘密行为，情节严重的，可以在按照上述方法确定数额的一倍以上五倍以下确定赔偿数额。赔偿数额还应当包括经营者为制止侵权行为所支付的合理开支。

经营者违反本法第六条、第九条规定，权利人因被侵权所受到的实际损失、侵权人因侵权所获得的利益难以确定的，由人民法院根据侵权行为的情节判决给予权利人五百万元以下的赔偿。

第十八条 经营者违反本法第六条规定实施混淆行为的，由监督检查部门责令停止违法行为，没收违法商品。违法经营额五万元以上的，可以并处违法经营额五倍以下的罚款；没有违法经营额或者违法经营额不足五万元的，可以并处二十五万元以下的罚款。情节严重的，吊销营业执照。

经营者登记的企业名称违反本法第六条规定的，应当及时办理名称变更登记；名称变更前，由原企业登记机关以统一社会信用代码代替其名称。

第十九条 经营者违反本法第七条规定贿赂他人的，由监督检查部门没收违法所得，处十万元以上三百万元以下的罚款。情节严重的，吊销营业执照。

第二十条 经营者违反本法第八条规定对其商品作虚假或者引人误解的商业宣传，或者通过组织虚假交易等方式帮助其他经营者进行虚假或者引人误解的商业宣传的，由监督检查部门责令停止违法行为，处二十万元以上一百万元以下的罚款；情节严重的，处一百万元以上二百万元以下的罚款，可以吊销营业执照。

经营者违反本法第八条规定，属于发布虚假广告的，依照《中华人民共和国广告法》的规定处罚。

第二十一条 经营者以及其他自然人、法人和非法人组织违反本法第九条规定侵犯商业秘密的，由监督检查部门责令停止违法行为，没收违法所得，处十万元以上一百万元以下的罚款；情节严重的，处五十万元以上五百万元以下的罚款。

第二十二条 经营者违反本法第十条规定进行有奖销售的，由监督检查部门责令停止违法行为，处五万元以上五十万元以下的罚款。

第二十三条 经营者违反本法第十一条规定损害竞争对手商业信誉、商品声誉的，由监督检查部门责令停止违法行为、消除影响，处十万元以上五十万元以下的罚款；情节严重的，处五十万元以上三百万元以下的罚款。

第二十四条 经营者违反本法第十二条规定妨碍、破坏其他经营者合法提供的网络产品或者服务正常运行的，由监督检查部门责令停止违法行为，处十万元以上五十万元以下的罚款；情节严重的，处五十万元以上三百万元以下的罚款。

第二十五条 经营者违反本法规定从事不正当竞争，有主动消除或者减轻违法行为危害后果等法定情形的，依法从轻或者减轻行政处罚；违法行为轻微并及时纠正，没有造成危害后果的，不予行政处罚。

第二十六条 经营者违反本法规定从事不正当竞争，受到行政处罚的，由监督检查部门记入信用记录，并依照有关法律、行政法规的规定予以公示。

第二十七条 经营者违反本法规定，应当承担民事责任、行政责任和刑事责任，其财产不足以支付的，优先用于承担民事责任。

第二十八条 妨害监督检查部门依照本法履行职责，拒绝、阻碍调查的，由监督检查部门责令改正，对个人可以处五千元以下的罚款，对单位可以处五万元以下的罚款，并可以由公安机关依法给予治安管理处罚。

第二十九条 当事人对监督检查部门作出的决定不服的，可以依法申请行政复议或者提起行政诉讼。

第三十条 监督检查部门的工作人员滥用职权、玩忽职守、徇私舞弊或者泄露调查过程中知悉的商业秘密的，依法给予处分。

第三十一条 违反本法规定，构成犯罪的，依法追究刑事责任。

第三十二条 在侵犯商业秘密的民事审判程序中，商业秘密权利人提供初步证据，证明其已经对所主张的商业秘密采取保密措施，且合理表明商业秘密被侵犯，涉嫌侵权人应当证明权利人所主张的商业秘密不属于本法规定的商业秘密。

商业秘密权利人提供初步证据合理表明商业秘密被侵犯，且提供以下证据之一的，涉嫌侵权人应当证明其不存在侵犯商业秘密的行为：

（一）有证据表明涉嫌侵权人有渠道或者机会获取商业秘密，且其使用的信息与该商业秘密实质上相同；

（二）有证据表明商业秘密已经被涉嫌侵权人披露、使用或者有被披露、使用的风险；

（三）有其他证据表明商业秘密被涉嫌侵权人侵犯。

第五章　附　　则

第三十三条　本法自2018年1月1日起施行。

国务院关于在市场体系建设中建立公平竞争审查制度的意见

（2016年6月1日　国发〔2016〕34号）

各省、自治区、直辖市人民政府，国务院各部委、各直属机构：

公平竞争是市场经济的基本原则，是市场机制高效运行的重要基础。随着经济体制改革不断深化，全国统一市场基本形成，公平竞争环境逐步建立。但同时也要看到，地方保护、区域封锁，行业壁垒、企业垄断，违法给予优惠政策或减损市场主体利益等不符合建设全国统一市场和公平竞争的现象仍然存在。为规范政府有关行为，防止出台排除、限制竞争的政策措施，逐步清理废除妨碍全国统一市场和公平竞争的规定和做法，现就市场体系建设中建立公平竞争审查制度提出以下意见。

一、充分认识建立公平竞争审查制度的重要性和紧迫性

一是深入推进经济体制改革的客观需要。经济体制改革的核心是使市场在资源配置中起决定性作用和更好发挥政府作用。统一开放、竞争有序的市场体系，是市场在资源配置中起决定性作用的基础。建立公平竞争审查制度，防止政府过度和不当干预市场，有利于保障资源配置依据市场规则、市场价格、市场竞争实现效益最大化和效率最优化。

二是全面推进依法治国的有力保障。全面推进依法治国，要求政府依法全面正确履行职能。《中华人民共和国反垄断法》明确禁止行政机关滥用行政权力，排除、限制市场竞争。建立公平竞争审查制度，健全行政机关内部决策合法性审查机制，有利于保证政府行为符合相关法律法规要求，确保政府依法行政。

三是实现创新驱动发展的必然选择。当前我国经济发展进入新常态，必须靠创新驱动来推进经济持续健康发展。企业是创新的主体，公平竞争是创新的重要动力。建立公平竞争审查制度，大力消除影响公平竞争、妨碍创新的各种制度束缚，有利于为大众创业、万众创新营造公平竞争的市场环境。

四是释放市场主体活力的有效举措。我国经济发展正处于动力转换的关键时期，大力培育新动能，改造提升传统动能，都需要充分激发市场主体活力。建立公平竞争审查制度，降低制度性交易成本，克服市场价格和行为扭曲，有利于调动各类市场主体的积极性和创造性，培育和催生经济发展新动能。

二、明确建立公平竞争审查制度的总体要求和基本原则

建立公平竞争审查制度，要按照加快建设统一开放、竞争有序市场体系的要求，确保政府相关行为符合公平竞争要求和相关法律法规，维护公平竞争秩序，保障各类市场主体平等使用生产要素、公平参与市场竞争、同等受到法律保护，激发市场活力，提高资源

配置效率，推动大众创业、万众创新，促进实现创新驱动发展和经济持续健康发展。

尊重市场，竞争优先。尊重市场经济规律，处理好政府与市场的关系，着力转变政府职能，最大限度减少对微观经济的干预，促进和保护市场主体公平竞争，保障市场配置资源的决定性作用得到充分发挥。

立足全局，统筹兼顾。着力打破地区封锁和行业垄断，清除市场壁垒，促进商品和要素在全国范围内自由流动。统筹考虑维护国家利益和经济安全、促进区域协调发展、保持经济平稳健康运行等多重目标需要，稳妥推进制度实施。

科学谋划，分步实施。建立公平竞争审查制度是一项长期性、系统性、复杂性工程。要尊重国情，坚持从实际出发，研究制定具有可操作性的方案；破立结合，在规范增量政策的同时，坚持分类处理、不溯及既往，逐步清理废除妨碍全国统一市场和公平竞争的存量政策；着眼长远，做好整体规划，在实践中分阶段、分步骤地推进和完善。

依法审查，强化监督。加强与现行法律体系和行政管理体制的衔接，提高公平竞争审查的权威和效能。建立健全公平竞争审查保障机制，把自我审查和外部监督结合起来，加强社会监督和执法监督，及时纠正滥用行政权力排除、限制竞争行为。

三、科学建立公平竞争审查制度

（一）审查对象。行政机关和法律、法规授权的具有管理公共事务职能的组织（以下统称政策制定机关）制定市场准入、产业发展、招商引资、招标投标、政府采购、经营行为规范、资质标准等涉及市场主体经济活动的规章、规范性文件和其他政策措施，应当进行公平竞争审查。

行政法规和国务院制定的其他政策措施、地方性法规，起草部门应当在起草过程中进行公平竞争审查。未进行自我审查的，不得提交审议。

（二）审查方式。政策制定机关在政策制定过程中，要严格对照审查标准进行自我审查。经审查认为不具有排除、限制竞争效果的，可以实施；具有排除、限制竞争效果的，应当不予出台，或调整至符合相关要求后出台。没有进行公平竞争审查的，不得出台。制定政策措施及开展公平竞争审查应当听取利害关系人的意见，或者向社会公开征求意见。有关政策措施出台后，要按照《中华人民共和国政府信息公开条例》要求向社会公开。

（三）审查标准。要从维护全国统一市场和公平竞争的角度，按照以下标准进行审查：

1. 市场准入和退出标准。

（1）不得设置不合理和歧视性的准入和退出条件；

（2）公布特许经营权目录清单，且未经公平竞争，不得授予经营者特许经营权；

（3）不得限定经营、购买、使用特定经营者提供的商品和服务；

（4）不得设置没有法律法规依据的审批或者事前备案程序；

（5）不得对市场准入负面清单以外的行业、领域、业务等设置审批程序。

2. 商品和要素自由流动标准。

（1）不得对外地和进口商品、服务实行歧视性价格和歧视性补贴政策；

（2）不得限制外地和进口商品、服务进入本地市场或者阻碍本地商品运出、服务输出；

（3）不得排斥或者限制外地经营者参加本地招标投标活动；

（4）不得排斥、限制或者强制外地经营者在本地投资或者设立分支机构；

（5）不得对外地经营者在本地的投资或者设立的分支机构实行歧视性待遇，侵害其合法权益。

3. 影响生产经营成本标准。

（1）不得违法给予特定经营者优惠政策；

（2）安排财政支出一般不得与企业缴纳的税收或非税收入挂钩；

（3）不得违法免除特定经营者需要缴纳的社会保险费用；

（4）不得在法律规定之外要求经营者提供或者扣留经营者各类保证金。

4. 影响生产经营行为标准。

（1）不得强制经营者从事《中华人民共和国反垄断法》规定的垄断行为；

（2）不得违法披露或者要求经营者披露生产经营敏感信息，为经营者从事垄断行为提供便利条件；

（3）不得超越定价权限进行政府定价；

（4）不得违法干预实行市场调节价的商品和服务的价格水平。

没有法律、法规依据，各地区、各部门不得制定减损市场主体合法权益或者增加其义务的政策措施；不得违反《中华人民共和国反垄断法》，制定含有排除、限制竞争内容的政策措施。

（四）例外规定。属于下列情形的政策措施，如果具有排除和限制竞争的效果，在符合规定的情况下可以实施：

1. 维护国家经济安全、文化安全或者涉及国防建设的；

2. 为实现扶贫开发、救灾救助等社会保障目的的；

3. 为实现节约能源资源、保护生态环境等社会公共利益的；

4. 法律、行政法规规定的其他情形。

政策制定机关应当说明相关政策措施对实现政策目的不可或缺，且不会严重排除和限制市场竞争，并明确实施期限。

政策制定机关要逐年评估相关政策措施的实施效果。实施期限到期或未达到预期效果的政策措施，应当及时停止执行或者进行调整。

四、推动公平竞争审查制度有序实施

（一）明确工作机制。从2016年7月起，国务院各部门、各省级人民政府及所属部门均应在有关政策措施制定过程中进行公平竞争审查。国家发展改革委、国务院法制办、商务部、工商总局要会同有关部门，建立健全工作机制，指导公平竞争审查制度实施工作，并及时总结成效和经验，推动制度不断完善，在条件成熟时组织开展第三方评估。各省级人民政府要抓紧研究制定具体工作措施和办法，落实制度要求，并从2017年起在本行政区域内逐步推开，指导市县级人民政府及所属部门开展公平竞争审查。

（二）有序清理存量。按照“谁制定、谁清理”的原则，各级人民政府及所属部门要对照公平竞争审查标准，对现行政策措施区分不同情况，稳妥把握节奏，有序清理和废除妨碍全国统一市场和公平竞争的各种规定和做法。对市场主体反映比较强烈、问题暴露比较集中、影响比较突出的规定和做法，要尽快废止；对以合同协议等形式给予企业的优惠政策，以及部分立即终止会带来重大影响的政策措施，要设置过渡期，留出必要的缓冲空间；对已兑现的优惠政策，不溯及既往。

（三）定期评估完善。对建立公平竞争审查制度后出台的政策措施，各级人民政府及所属部门要在定期清理规章和规范性文件时，一并对政策措施影响全国统一市场和公平竞争的情况进行评估。鼓励委托第三方开展评估。评估报告应当向社会公开征求意见，评估结果应当向社会公开。经评估认为妨碍全国统一市场和公平竞争的政策措施，要及时废止或者修改完善。

（四）制定实施细则。国家发展改革委、国务院法制办、商务部、工商总局要会同有关部门，抓紧研究起草公平竞争审查实施细则，进一步细化公平竞争审查的内容、程序、方法，指导政策制定机关开展公平竞争审查和相关政策措施清理废除工作，保障公平竞争审查制度有序实施。各地区、各部门要紧密结合实际，制定相关政策措施清理废除工作方案，明确工作方式、工作步骤和时间节点，加强分类指导，确保本地区、本部门相关政策措施清理废除工作稳妥推进。

（五）加强宣传培训。有关部门要切实加大宣传培训力度，加强政策解读和舆论引导，增进全社会对公平竞争审查制度的认识和理解，为公平竞争审查制度实施营造良好的舆论氛围和工作环境。

五、健全公平竞争审查保障措施

（一）健全竞争政策。国务院反垄断委员会要发挥职能作用，组织、协调、指导反垄断工作，研究拟订有关竞争政策，组织调查、评估市场总体竞争状况，为推进和逐步完善公平竞争审查制度奠定坚实基础。各地区、各部门要按照确立竞争政策基础性地位的要求，有针对性地制定政策措施，及时研究新经济领域市场监管问题，不断完善市场竞争规则，加快形成统一开放、竞争有序的市场体系。

（二）完善政府守信机制。严格履行政府向社会作出的承诺，把政务履约和守诺服务纳入政府绩效评价体系，建立健全政务和行政承诺考核制度。各级人民政府对依法作出的政策承诺和签订的各类合同要认真履约和兑现。完善政务诚信约束和问责机制。进一步推广重大决策事项公示和听证制度，拓宽公众参与政府决策的渠道，加强对权力运行的社会监督和约束。

（三）加强执法监督。对涉嫌违反公平竞争审查标准的政策措施，任何单位和个人有权举报，有关部门要及时予以处理；涉嫌违反《中华人民共和国反垄断法》的，反垄断执法机构要依法调查核实，并向有关上级机关提出处理建议。案件情况和处理建议要向社会公开。政策制定机关要及时纠正排除和限制竞争的政策措施，维护公平竞争的市场秩序。

（四）强化责任追究。对未进行公平竞争审查或者违反公平竞争审查标准出台政策措施，以及不及时纠正相关政策措施的地方政府和部门，有关部门依法查实后要作出严肃处理。对失职渎职等需要追究有关人员党纪政纪责任的，要及时将有关情况移送纪检监察机关。

最高人民法院关于审理因垄断行为引发的民事纠纷案件应用法律若干问题的规定

（2012年1月30日最高人民法院审判委员会第1539次会议通过 根据2020年12月23日最高人民法院审判委员会第1823次会议通过的《最高人民法院关于修改〈最高人民法院关于审理侵犯专利权纠纷案件应用法律若干问题的解释（二）〉等十八件知识产权类司法解释的决定》修正 2020年12月29日最高人民法院公告公布 自2021年1月1日起施行 法释〔2020〕19号）

为正确审理因垄断行为引发的民事纠纷案件，制止垄断行为，保护和促进市场公平竞争，维护消费者利益和社会公共利益，根据《中华人民共和国民法典》《中华人民共和国反垄断法》和《中华人民共和国民事诉讼法》等法律的相关规定，制定本规定。

第一条 本规定所称因垄断行为引发的民事纠纷案件（以下简称垄断民事纠纷案件），是指因垄断行为受到损失以及因合同内容、行业协会的章程等违反反垄断法而发生争议的自然人、法人或者非法人组织，向人民法院提起的民事诉讼案件。

第二条 原告直接向人民法院提起民事诉讼，或者在反垄断执法机构认定构成垄断行为的处理决定发生法律效力后向人民法院提起民事诉讼，并符合法律规定的其他受理条件的，人民法院应当受理。

第三条 第一审垄断民事纠纷案件，由知识产权法院，省、自治区、直辖市人民政府所在地的市、计划单列市中级人民法院以及最高人民法院指定的中级人民法院管辖。

第四条 垄断民事纠纷案件的地域管辖，根据案件具体情况，依照民事诉讼法及相关司法解释有关侵权纠纷、合同纠纷等的管辖规定确定。

第五条 民事纠纷案件立案时的案由并非垄断纠纷，被告以原告实施了垄断行为为由提出抗辩或者反诉且有证据支持，或者案件需要依据反垄断法作出裁判，但受诉人民法院没有垄断民事纠纷案件管辖权的，应当将案件移送有管辖权的人民法院。

第六条 两个或者两个以上原告因同一垄断行为向有管辖权的同一法院分别提起诉讼的，人民法院可以合并审理。

两个或者两个以上原告因同一垄断行为向有管辖权的不同法院分别提起诉讼的，后立案的法院在得知有关法院先立案的情况后，应当在七日内裁定将案件移送先立案的法院；受移送的法院可以合并审理。被告应当在答辩阶段主动向受诉人民法院提供其因同一行为在其他法院涉诉的相关信息。

第七条 被诉垄断行为属于反垄断法第十三条第一款第一项至第五项规定的垄断协议的，被告应对该协议不具有排除、限制竞争的效果承担举证责任。

第八条 被诉垄断行为属于反垄断法第十七条第一款规定的滥用市场支配地位的，原告应当对被告在相关市场内具有支配地位和其滥用市场支配地位承担举证责任。

被告以其行为具有正当性为由进行抗辩的，应当承担举证责任。

第九条 被诉垄断行为属于公用企业或者其他依法具有独占地位的经营者滥用市场支配地位的，人民法院可以根据市场结构和竞争状况的具体情况，认定被告在相关市场内具有支配地位，但有相反证据足以推翻的除外。

第十条 原告可以以被告对外发布的信息作为证明其具有市场支配地位的证据。被告对外发布的信息能够证明其在相关市场内具有支配地位的，人民法院可以据此作出认定，但有相反证据足以推翻的除外。

第十一条 证据涉及国家秘密、商业秘密、个人隐私或者其他依法应当保密的内容的，人民法院可以依职权或者当事人的申请采取不公开开庭、限制或者禁止复制、仅对代理律师展示、责令签署保密承诺书等保护措施。

第十二条 当事人可以向人民法院申请一至二名具有相应专门知识的人员出庭，就案件的专门性问题进行说明。

第十三条 当事人可以向人民法院申请委托专业机构或者专业人员就案件的专门性问题作出市场调查或者经济分析报告。经人民法院同意，双方当事人可以协商确定专业机构或者专业人员；协商不成的，由人民法院指定。

人民法院可以参照民事诉讼法及相关司法解释有关鉴定意见的规定，对前款规定的市场调查或者经济分析报告进行审查判断。

第十四条 被告实施垄断行为，给原告造成损失的，根据原告的诉讼请求和查明的事实，人民法院可以依法判令被告承担停止侵害、赔偿损失等民事责任。

根据原告的请求，人民法院可以将原告因调查、制止垄断行为所支付的合理开支计入损失赔偿范围。

第十五条 被诉合同内容、行业协会的章程等违反反垄断法或者其他法律、行政法规的强制性规定的，人民法院应当依法认定其无效。但是，该强制性规定不导致该民事法律行为无效的除外。

第十六条 因垄断行为产生的损害赔偿请求权诉讼时效期间，从原告知道或者应当知道权益受到损害以及义务人之日起计算。

原告向反垄断执法机构举报被诉垄断行为的，诉讼时效从其举报之日起中断。反垄断执法机构决定不立案、撤销案件或者决定终止调查的，诉讼时效期间从原告知道或者应当知道不立案、撤销案件或者终止调查之日起重新计算。反垄断执法机构调查后认定构成垄断行为的，诉讼时效期间从原告知道或者应当知道反垄断执法机构认定构成垄断行为的处理决定发生法律效力之日起重新计算。

原告知道或者应当知道权益受到损害以及义务人之日起超过三年，如果起诉时被诉垄断行为仍然持续，被告提出诉讼时效抗辩的，损害赔偿应当自原告向人民法院起诉之日起向前推算三年计算。自权利受到损害之日起超过二十年的，人民法院不予保护，有特殊情况的，人民法院可以根据权利人的申请决定延长。

最高人民法院关于适用《中华人民共和国反不正当竞争法》若干问题的解释

（2022 年 1 月 29 日最高人民法院审判委员会第 1862 次会议通过　2022 年 3 月 16 日最高人民法院公告公布　自 2022 年 3 月 20 日起施行　法释〔2022〕9 号）

为正确审理因不正当竞争行为引发的民事案件，根据《中华人民共和国民法典》《中华人民共和国反不正当竞争法》《中华人民共和国民事诉讼法》等有关法律规定，结合审判实践，制定本解释。

第一条　经营者扰乱市场竞争秩序，损害其他经营者或者消费者合法权益，且属于违反反不正当竞争法第二章及专利法、商标法、著作权法等规定之外情形的，人民法院可以适用反不正当竞争法第二条予以认定。

第二条　与经营者在生产经营活动中存在可能的争夺交易机会、损害竞争优势等关系的市场主体，人民法院可以认定为反不正当竞争法第二条规定的“其他经营者”。

第三条　特定商业领域普遍遵循和认可的行为规范，人民法院可以认定为反不正当竞争法第二条规定的“商业道德”。

人民法院应当结合案件具体情况，综合考虑行业规则或者商业惯例、经营者的主观状态、交易相对人的选择意愿、对消费者权益、市场竞争秩序、社会公共利益的影响等因素，依法判断经营者是否违反商业道德。

人民法院认定经营者是否违反商业道德时，可以参考行业主管部门、行业协会或者自律组织制定的从业规范、技术规范、自律公约等。

第四条 具有一定的市场知名度并具有区别商品来源的显著特征的标识，人民法院可以认定为反不正当竞争法第六条规定的“有一定影响的”标识。

人民法院认定反不正当竞争法第六条规定的标识是否具有一定的市场知名度，应当综合考虑中国境内相关公众的知悉程度，商品销售的时间、区域、数额和对象，宣传的持续时间、程度和地域范围，标识受保护的情况等因素。

第五条 反不正当竞争法第六条规定的标识有下列情形之一的，人民法院应当认定其不具有区别商品来源的显著特征：

（一）商品的通用名称、图形、型号；

（二）仅直接表示商品的质量、主要原料、功能、用途、重量、数量及其他特点的标识；

（三）仅由商品自身的性质产生的形状，为获得技术效果而需有的商品形状以及使商品具有实质性价值的形状；

（四）其他缺乏显著特征的标识。

前款第一项、第二项、第四项规定的标识经过使用取得显著特征，并具有一定的市场知名度，当事人请求依据反不正当竞争法第六条规定予以保护的，人民法院应予支持。

第六条 因客观描述、说明商品而正当使用下列标识，当事人主张属于反不正当竞争法第六条规定的情形的，人民法院不予支持：

（一）含有本商品的通用名称、图形、型号；

（二）直接表示商品的质量、主要原料、功能、用途、重量、数量以及其他特点；

（三）含有地名。

第七条 反不正当竞争法第六条规定的标识或者其显著识别部分属于商标法第十条第一款规定的不得作为商标使用的标志，当事人请求依据反不正当竞争法第六条规定予以保护的，人民法院不予支持。

第八条 由经营者营业场所的装饰、营业用具的式样、营业人员的服饰等构成的具有独特风格的整体营业形象，人民法院可以认定为反不正当竞争法第六条第一项规定的“装潢”。

第九条 市场主体登记管理部门依法登记的企业名称，以及在中国境内进行商业使用的境外企业名称，人民法院可以认定为反不正当竞争法第六条第二项规定的“企业名称”。

有一定影响的个体工商户、农民专业合作社（联合社）以及法律、行政法规规定的其他市场主体的名称（包括简称、字号等），人民法院可以依照反不正当竞争法第六条第二项予以认定。

第十条 在中国境内将有一定影响的标识用于商品、商品包装或者容器以及商品交易文书上，或者广告宣传、展览以及其他商业活动中，用于识别商品来源的行为，人民法院可以认定为反不正当竞争法第六条规定的“使用”。

第十一条 经营者擅自使用与他人有一定影响的企业名称（包括简称、字号等）、社会组织名称（包括简称等）、姓名（包括笔名、艺名、译名等）、域名主体部分、网站名称、网页等近似的标识，引人误认为是他人商品或者与他人存在特定联系，当事人主张属于反不正当竞争法第六条第二项、第三项规定的情形的，人民法院应予支持。

第十二条 人民法院认定与反不正当竞争法第六条规定的“有一定影响的”标识相同或者近似，可以参照商标相同或者近似的判断原则和方法。

反不正当竞争法第六条规定的“引人误认为是他人商品或者与他人存在特定联系”，包括误认为与他人具有商业联合、许可使用、商业冠名、广告代言等特定联系。

在相同商品上使用相同或者视觉上基本无差别的商品名称、包装、装潢等标识，应当视为足以造成与他人有一定影响的标识相混淆。

第十三条 经营者实施下列混淆行为之一，足以引人误认为是他人商品或者与他人存在特定联系的，人民法院可以依照反不正当竞争法第六条第四项予以认定：

（一）擅自使用反不正当竞争法第六条第一项、第二项、第三项规定以外“有一定影响的”标识；

（二）将他人注册商标、未注册的驰名商标作为企业名称中的字号使用，误导公众。

第十四条 经营者销售带有违反反不正当竞争法第六条规定的标识的商品，引人误认为是他人商品或者与他人存在特定联系，当事人主张构成反不正当竞争法第六条规定的情形的，人民法院应予支持。

销售不知道是前款规定的侵权商品，能证明该商品是自己合法取得并说明提供者，经营者主张不承担赔偿责任的，人民法院应予支持。

第十五条 故意为他人实施混淆行为提供仓储、运输、邮寄、印制、隐匿、经营场所等便利条件，当事人请求依据民法典第一千一百六十九条第一款予以认定的，人民法院应予支持。

第十六条 经营者在商业宣传过程中，提供不真实的商品相关信息，欺骗、误导相关公众的，人民法院应当认定为反不正当竞争法第八条第一款规定的虚假的商业宣传。

第十七条 经营者具有下列行为之一，欺骗、误导相关公众的，人民法院可以认定为反不正当竞争法第八条第一款规定的“引人误解的商业宣传”：

（一）对商品作片面的宣传或者对比；

（二）将科学上未定论的观点、现象等当作定论的事实用于商品宣传；

（三）使用歧义性语言进行商业宣传；

（四）其他足以引人误解的商业宣传行为。

人民法院应当根据日常生活经验、相关公众一般注意力、发生误解的事实和被宣传对象的实际情况等因素，对引人误解的商业宣传行为进行认定。

第十八条 当事人主张经营者违反反不正当竞争法第八条第一款的规定并请求赔偿损失的，应当举证证明其因虚假或者引人误解的商业宣传行为受到损失。

第十九条 当事人主张经营者实施了反不正当竞争法第十一条规定的商业诋毁行为的，应当举证证明其为该商业诋毁行为的特定损害对象。

第二十条 经营者传播他人编造的虚假信息或者误导性信息，损害竞争对手的商业信誉、商品声誉的，人民法院应当依照反不正当竞争法第十一条予以认定。

第二十一条 未经其他经营者和用户同意而直接发生的目标跳转，人民法院应当认定为反不正当竞争法第十二条第二款第一项规定的“强制进行目标跳转”。

仅插入链接，目标跳转由用户触发的，人民法院应当综合考虑插入链接的具体方式、是否具有合理理由以及对用户利益和其他经营者利益的影响等因素，认定该行为是否违反反不正当竞争法第十二条第二款第一项的规定。

第二十二条 经营者事前未明确提示并经用户同意，以误导、欺骗、强迫用户修改、关闭、卸载等方式，恶意干扰或者破坏其他经营者合法提供的网络产品或者服务，人民法院应当依照反不正当竞争法第十二条第二款第二项予以认定。

第二十三条 对于反不正当竞争法第二条、第八条、第十一条、第十二条规定的不正当竞争行为，权利人因被侵权所受到的实际损失、侵权人因侵权所获得的利益难以确定，当事人主张依据反不正当竞争法第十七条第四款确定赔偿数额的，人民法院应予支持。

第二十四条 对于同一侵权人针对同一主体在同一时间和地域范围实施的侵权行为，人民法院已经认定侵害著作权、专利权或者注册商标专用权等并判令承担民事责任，当事人又以该行为构成不正当竞争为由请求同一侵权人承担民事责任的，人民法院不予支持。

第二十五条 依据反不正当竞争法第六条的规定，当事人主张判令被告停止使用或者变更其企业名称的诉讼请求依法应予支持的，人民法院应当判令停止使用该企业名称。

第二十六条 因不正当竞争行为提起的民事诉讼，由侵权行为地或者被告住所地人民法院管辖。

当事人主张仅以网络购买者可以任意选择的收货地作为侵权行为地的，人民法院不予支持。

第二十七条 被诉不正当竞争行为发生在中华人民共和国领域外，但侵权结果发生在中华人民共和国领域内，当事人主张由该侵权结果发生地人民法院管辖的，人民法院应予支持。

第二十八条 反不正当竞争法修改决定施行以后人民法院受理的不正当竞争民事案件，涉及该决定施行前发生的行为的，适用修改前的反不正当竞争法；涉及该决定施行前发生、持续到该决定施行以后的行为的，适用修改后的反不正当竞争法。

第二十九条 本解释自2022年3月20日起施行。《最高人民法院关于审理不正当竞争民事案件应用法律若干问题的解释》（法释〔2007〕2号）同时废止。

本解释施行以后尚未终审的案件，适用本解释；施行以前已经终审的案件，不适用本解释再审。

公平竞争审查制度实施细则

（2021 年 6 月 29 日　国市监反垄规〔2021〕2 号）

第一章　总　　则

第一条　为全面落实公平竞争审查制度，健全公平竞争审查机制，规范有效开展审查工作，根据《中华人民共和国反垄断法》、《国务院关于在市场体系建设中建立公平竞争审查制度的意见》（国发〔2016〕34 号，以下简称《意见》），制定本细则。

第二条　行政机关以及法律、法规授权的具有管理公共事务职能的组织（以下统称政策制定机关），在制定市场准入和退出、产业发展、招商引资、招标投标、政府采购、经营行为规范、资质标准等涉及市场主体经济活动的规章、规范性文件、其他政策性文件以及“一事一议”形式的具体政策措施（以下统称政策措施）时，应当进行公平竞争审查，评估对市场竞争的影响，防止排除、限制市场竞争。

经公平竞争审查认为不具有排除、限制竞争效果或者符合例外规定的，可以实施；具有排除、限制竞争效果且不符合例外规定的，应当不予出台或者调整至符合相关要求后出台；未经公平竞争审查的，不得出台。

第三条　涉及市场主体经济活动的行政法规、国务院制定的政策措施，以及政府部门负责起草的地方性法规、自治条例和单行条例，由起草部门在起草过程中按照本细则规定进行公平竞争审查。未经公平竞争审查的，不得提交审议。

以县级以上地方各级人民政府名义出台的政策措施，由起草部门或者本级人民政府指定的相关部门进行公平竞争审查。起草部门在审查过程中，可以会同本级市场监管部门进行公平竞争审查。未经审查的，不得提交审议。

以多个部门名义联合制定出台的政策措施，由牵头部门负责公平竞争审查，其他部门在各自职责范围内参与公平竞争审查。政策措施涉及其他部门职权的，政策制定机关在公平竞争审查中应当充分征求其意见。

第四条 市场监管总局、发展改革委、财政部、商务部会同有关部门，建立健全公平竞争审查工作部际联席会议制度，统筹协调和监督指导全国公平竞争审查工作。

县级以上地方各级人民政府负责建立健全本地区公平竞争审查工作联席会议制度（以下简称联席会议），统筹协调和监督指导本地区公平竞争审查工作，原则上由本级人民政府分管负责同志担任联席会议召集人。联席会议办公室设在市场监管部门，承担联席会议日常工作。

地方各级联席会议应当每年向本级人民政府和上一级联席会议报告本地区公平竞争审查制度实施情况，接受其指导和监督。

第二章 审查机制和程序

第五条 政策制定机关应当建立健全公平竞争内部审查机制，明确审查机构和程序，可以由政策制定机关的具体业务机构负责，也可以采取内部特定机构统一审查或者由具体业务机构初审后提交特定机构复核等方式。

第六条 政策制定机关开展公平竞争审查应当遵循审查基本流程（可参考附件 1），识别相关政策措施是否属于审查对象、判断是否违反审查标准、分析是否适用例外规定。属于审查对象的，经审查后应当形成明确的书面审查结论。审查结论应当包括政策措施名称、涉及行业领域、性质类别、起草机构、审查机构、征求意见情况、审查结论、适用例外规定情况、审查机构主要负责人意见等内容（可参考附件2）。政策措施出台后，审查结论由政策制定机关存档备查。

未形成书面审查结论出台政策措施的，视为未进行公平竞争审查。

第七条 政策制定机关开展公平竞争审查，应当以适当方式征求利害关系人意见，或者通过政府部门网站、政务新媒体等便于社会公众知晓的方式公开征求意见，并在书面审查结论中说明征求意见情况。

在起草政策措施的其他环节已征求过利害关系人意见或者向社会公开征求意见的，可以不再专门就公平竞争审查问题征求意见。对出台前需要保密或者有正当理由需要限定知悉范围的政策措施，由政策制定机关按照相关法律法规处理。

利害关系人指参与相关市场竞争的经营者、上下游经营者、行业协会商会、消费者以及政策措施可能影响其公平参与市场竞争的其他市场主体。

第八条 政策制定机关进行公平竞争审查，可以咨询专家学者、法律顾问、专业机构的意见。征求上述方面意见的，应当在书面审查结论中说明有关情况。

各级联席会议办公室可以根据实际工作需要，建立公平竞争审查工作专家库，便于政策制定机关进行咨询。

第九条 政策制定机关可以就公平竞争审查中遇到的具体问题，向本级联席会议办公室提出咨询。提出咨询请求的政策制定机关，应当提供书面咨询函、政策措施文稿、起草说明、相关法律法规依据及其他相关材料。联席会议办公室应当在收到书面咨询函后及时研究回复。

对涉及重大公共利益，且在制定过程中被多个单位或者个人反映或者举报涉嫌排除、限制竞争的政策措施，本级联席会议办公室可以主动向政策制定机关提出公平竞争审查意见。

第十条 对多个部门联合制定或者涉及多个部门职责的政策措施，在公平竞争审查中出现较大争议或者部门意见难以协调一致时，政策制定机关可以提请本级联席会议协调。联席会议办公室认为确有必要的，可以根据相关工作规则召开会议进行协调。仍无法协调一致的，由政策制定机关提交上级机关决定。

第十一条 政策制定机关应当对本年度公平竞争审查工作进行总结，于次年1月15日前将书面总结报告报送本级联席会议办公室。

地方各级联席会议办公室汇总形成本级公平竞争审查工作总体情况，于次年1月20日前报送本级人民政府和上一级联席会议办公室，并以适当方式向社会公开。

第十二条 对经公平竞争审查后出台的政策措施，政策制定机关应当对其影响统一市场和公平竞争的情况进行定期评估。评估报告应当向社会公开征求意见，评估结果应当向社会公开。经评估认为妨碍统一市场和公平竞争的，应当及时废止或者修改完善。定期评估可以每三年进行一次，或者在定期清理规章、规范性文件时一并评估。

第三章 审查标准

第十三条 市场准入和退出标准。

（一）不得设置不合理或者歧视性的准入和退出条件，包括但不限于：

1. 设置明显不必要或者超出实际需要的准入和退出条件，排斥或者限制经营者参与市场竞争；

2. 没有法律、行政法规或者国务院规定依据，对不同所有制、地区、组织形式的经营者实施不合理的差别化待遇，设置不平等的市场准入和退出条件；

3. 没有法律、行政法规或者国务院规定依据，以备案、登记、注册、目录、年检、年报、监制、认定、认证、认可、检验、监测、审定、指定、配号、复检、复审、换证、要求设立分支机构以及其他任何形式，设定或者变相设定市场准入障碍；

4. 没有法律、行政法规或者国务院规定依据，对企业注销、破产、挂牌转让、搬迁转移等设定或者变相设定市场退出障碍；

5. 以行政许可、行政检查、行政处罚、行政强制等方式，强制或者变相强制企业转让技术，设定或者变相设定市场准入和退出障碍。

（二）未经公平竞争不得授予经营者特许经营权，包括但不限于：

1. 在一般竞争性领域实施特许经营或者以特许经营为名增设行政许可；

2. 未明确特许经营权期限或者未经法定程序延长特许经营权期限；

3. 未依法采取招标、竞争性谈判等竞争方式，直接将特许经营权授予特定经营者；

4. 设置歧视性条件，使经营者无法公平参与特许经营权竞争。

（三）不得限定经营、购买、使用特定经营者提供的商品和服务，包括但不限于：

1. 以明确要求、暗示、拒绝或者拖延行政审批、重复检查、不予接入平台或者网络、违法违规给予奖励补贴等方式，限定或者变相限定经营、购买、使用特定经营者提供的商品和服务；

2. 在招标投标、政府采购中限定投标人所在地、所有制形式、组织形式，或者设定其他不合理的条件排斥或者限制经营者参与招标投标、政府采购活动；

3. 没有法律、行政法规或者国务院规定依据，通过设置不合理的项目库、名录库、备选库、资格库等条件，排斥或限制潜在经营者提供商品和服务。

（四）不得设置没有法律、行政法规或者国务院规定依据的审批或者具有行政审批性质的事前备案程序，包括但不限于：

1. 没有法律、行政法规或者国务院规定依据，增设行政审批事项，增加行政审批环节、条件和程序；

2. 没有法律、行政法规或者国务院规定依据，设置具有行政审批性质的前置性备案程序。

（五）不得对市场准入负面清单以外的行业、领域、业务等设置审批程序，主要指没有法律、行政法规或者国务院规定依据，采取禁止进入、限制市场主体资质、限制股权比例、限制经营范围和商业模式等方式，限制或者变相限制市场准入。

第十四条 商品和要素自由流动标准。

（一）不得对外地和进口商品、服务实行歧视性价格和歧视性补贴政策，包括但不限于：

1. 制定政府定价或者政府指导价时，对外地和进口同类商品、服务制定歧视性价格；

2. 对相关商品、服务进行补贴时，对外地同类商品、服务，国际经贸协定允许外的进口同类商品以及我国作出国际承诺的进口同类服务不予补贴或者给予较低补贴。

（二）不得限制外地和进口商品、服务进入本地市场或者阻碍本地商品运出、服务输出，包括但不限于：

1. 对外地商品、服务规定与本地同类商品、服务不同的技术要求、检验标准，或者采取重复检验、重复认证等歧视性技术措施；

2. 对进口商品规定与本地同类商品不同的技术要求、检验标准，或者采取重复检验、重复认证等歧视性技术措施；

3. 没有法律、行政法规或者国务院规定依据，对进口服务规定与本地同类服务不同的技术要求、检验标准，或者采取重复检验、重复认证等歧视性技术措施；

4. 设置专门针对外地和进口商品、服务的专营、专卖、审批、许可、备案，或者规定不同的条件、程序和期限等；

5. 在道路、车站、港口、航空港或者本行政区域边界设置关卡，阻碍外地和进口商品、服务进入本地市场或者本地商品运出和服务输出；

6. 通过软件或者互联网设置屏蔽以及采取其他手段，阻碍外地和进口商品、服务进入本地市场或者本地商品运出和服务输出。

（三）不得排斥或者限制外地经营者参加本地招标投标活动，包括但不限于：

1. 不依法及时、有效、完整地发布招标信息；

2. 直接规定外地经营者不能参与本地特定的招标投标活动；

3. 对外地经营者设定歧视性的资质资格要求或者评标评审标准；

4. 将经营者在本地区的业绩、所获得的奖项荣誉作为投标条件、加分条件、中标条件或者用于评价企业信用等级，限制或者变相限制外地经营者参加本地招标投标活动；

5. 没有法律、行政法规或者国务院规定依据，要求经营者在本地注册设立分支机构，在本地拥有一定办公面积，在本地缴纳社会保险等，限制或者变相限制外地经营者参加本地招标投标活动；

6. 通过设定与招标项目的具体特点和实际需要不相适应或者与合同履行无关的资格、技术和商务条件，限制或者变相限制外地经营者参加本地招标投标活动。

（四）不得排斥、限制或者强制外地经营者在本地投资或者设立分支机构，包括但不限于：

1. 直接拒绝外地经营者在本地投资或者设立分支机构；

2. 没有法律、行政法规或者国务院规定依据，对外地经营者在本地投资的规模、方式以及设立分支机构的地址、模式等进行限制；

3. 没有法律、行政法规或者国务院规定依据，直接强制外地经营者在本地投资或者设立分支机构；

4. 没有法律、行政法规或者国务院规定依据，将在本地投资或者设立分支机构作为参与本地招标投标、享受补贴和优惠政策等的必要条件，变相强制外地经营者在本地投资或者设立分支机构。

（五）不得对外地经营者在本地的投资或者设立的分支机构实行歧视性待遇，侵害其合法权益，包括但不限于：

1. 对外地经营者在本地的投资不给予与本地经营者同等的政策待遇；

2. 对外地经营者在本地设立的分支机构在经营规模、经营方式、税费缴纳等方面规定与本地经营者不同的要求；

3. 在节能环保、安全生产、健康卫生、工程质量、市场监管等方面，对外地经营者在本地设立的分支机构规定歧视性监管标准和要求。

第十五条 影响生产经营成本标准。

（一）不得违法给予特定经营者优惠政策，包括但不限于：

1. 没有法律、行政法规或者国务院规定依据，给予特定经营者财政奖励和补贴；

2. 没有专门的税收法律、法规和国务院规定依据，给予特定经营者税收优惠政策；

3. 没有法律、行政法规或者国务院规定依据，在土地、劳动力、资本、技术、数据等要素获取方面，给予特定经营者优惠政策；

4. 没有法律、行政法规或者国务院规定依据，在环保标准、排污权限等方面给予特定经营者特殊待遇；

5. 没有法律、行政法规或者国务院规定依据，对特定经营者减免、缓征或停征行政事业性收费、政府性基金、住房公积金等。

给予特定经营者的优惠政策应当依法公开。

（二）安排财政支出一般不得与特定经营者缴纳的税收或非税收入挂钩，主要指根据特定经营者缴纳的税收或者非税收入情况，采取列收列支或者违法违规采取先征后返、即征即退等形式，对特定经营者进行返还，或者给予特定经营者财政奖励或补贴、减免土地等自然资源有偿使用收入等优惠政策。

（三）不得违法违规减免或者缓征特定经营者应当缴纳的社会保险费用，主要指没有法律、行政法规或者国务院规定依据，根据经营者规模、所有制形式、组织形式、地区等因素，减免或者缓征特定经营者需要缴纳的基本养老保险费、基本医疗保险费、失业保险费、工伤保险费、生育保险费等。

（四）不得在法律规定之外要求经营者提供或扣留经营者各类保证金，包括但不限于：

1. 没有法律、行政法规依据或者经国务院批准，要求经营者交纳各类保证金；

2. 限定只能以现金形式交纳投标保证金或履约保证金；

3. 在经营者履行相关程序或者完成相关事项后，不依法退还经营者交纳的保证金及银行同期存款利息。

第十六条 影响生产经营行为标准。

（一）不得强制经营者从事《中华人民共和国反垄断法》禁止的垄断行为，主要指以行政命令、行政授权、行政指导等方式或者通过行业协会商会，强制、组织或者引导经营者达成垄断协议、滥用市场支配地位，以及实施具有或者可能具有排除、限制竞争效果的经营者集中等行为。

（二）不得违法披露或者违法要求经营者披露生产经营敏感信息，为经营者实施垄断行为提供便利条件。生产经营敏感信息是指除依据法律、行政法规或者国务院规定需要公开之外，生产经营者未主动公开，通过公开渠道无法采集的生产经营数据。主要包括：拟定价格、成本、营业收入、利润、生产数量、销售数量、生产销售计划、进出口数量、经销商信息、终端客户信息等。

（三）不得超越定价权限进行政府定价，包括但不限于：

1. 对实行政府指导价的商品、服务进行政府定价；

2. 对不属于本级政府定价目录范围内的商品、服务制定政府定价或者政府指导价；

3. 违反《中华人民共和国价格法》等法律法规采取价格干预措施。

（四）不得违法干预实行市场调节价的商品和服务的价格水平，包括但不限于：

1. 制定公布商品和服务的统一执行价、参考价；

2. 规定商品和服务的最高或者最低限价；

3. 干预影响商品和服务价格水平的手续费、折扣或者其他费用。

第四章 例外规定

第十七条 属于下列情形之一的政策措施，虽然在一定程度上具有限制竞争的效果，但在符合规定的情况下可以出台实施：

（一）维护国家经济安全、文化安全、科技安全或者涉及国防建设的；

（二）为实现扶贫开发、救灾救助等社会保障目的；

（三）为实现节约能源资源、保护生态环境、维护公共卫生健康安全等社会公共利益的；

（四）法律、行政法规规定的其他情形。

属于前款第一项至第三项情形的，政策制定机关应当说明相关政策措施对实现政策目的不可或缺，且不会严重限制市场竞争，并明确实施期限。

第十八条 政策制定机关应当在书面审查结论中说明政策措施是否适用例外规定。认为适用例外规定的，应当对符合适用例外规定的情形和条件进行详细说明。

第十九条 政策制定机关应当逐年评估适用例外规定的政策措施的实施效果，形成书面评估报告。实施期限到期或者未达到预期效果的政策措施，应当及时停止执行或者进行调整。

第五章 第三方评估

第二十条 政策制定机关可以根据工作实际，委托具备相应评估能力的高等院校、科研院所、专业咨询公司等第三方机构，对有关政策措施进行公平竞争评估，或者对公平竞争审查有关工作进行评估。

各级联席会议办公室可以委托第三方机构，对本地公平竞争审查制度总体实施情况开展评估。

第二十一条 政策制定机关在开展公平竞争审查工作的以下阶段和环节，均可以采取第三方评估方式进行：

（一）对拟出台的政策措施进行公平竞争审查；

（二）对经公平竞争审查出台的政策措施进行定期评估；

（三）对适用例外规定出台的政策措施进行逐年评估；

（四）对公平竞争审查制度实施情况进行综合评价；

（五）与公平竞争审查工作相关的其他阶段和环节。

第二十二条 对拟出台的政策措施进行公平竞争审查时，存在以下情形之一的，应当引入第三方评估：

（一）政策制定机关拟适用例外规定的；

（二）被多个单位或者个人反映或者举报涉嫌违反公平竞争审查标准的。

第二十三条 第三方评估结果作为政策制定机关开展公平竞争审查、评价制度实施成效、制定工作推进方案的重要参考。对拟出台的政策措施进行第三方评估的，政策制定机关应当在书面审查结论中说明评估情况。最终做出的审查结论与第三方评估结果不一致的，应当在书面审查结论中说明理由。

第二十四条 第三方评估经费纳入预算管理。政策制定机关依法依规做好第三方评估经费保障。

第六章 监督与责任追究

第二十五条 政策制定机关涉嫌未进行公平竞争审查或者违反审查标准出台政策措施的，任何单位和个人可以向政策制定机关反映，也可以向政策制定机关的上级机关或者本级及以上市场监管部门举报。反映或者举报采用书面形式并提供相关事实依据的，有关部门要及时予以处理。涉嫌违反《中华人民共和国反垄断法》的，由反垄断执法机构依法调查。

第二十六条 政策制定机关未进行公平竞争审查出台政策措施的，

应当及时补做审查。发现存在违反公平竞争审查标准问题的，应当按照相关程序停止执行或者调整相关政策措施。停止执行或者调整相关政策措施的，应当依照《中华人民共和国政府信息公开条例》要求向社会公开。

第二十七条 政策制定机关的上级机关经核实认定政策制定机关未进行公平竞争审查或者违反审查标准出台政策措施的，应当责令其改正；拒不改正或者不及时改正的，对直接负责的主管人员和其他直接责任人员依据《中华人民共和国公务员法》、《中华人民共和国公职人员政务处分法》、《行政机关公务员处分条例》等法律法规给予处分。本级及以上市场监管部门可以向政策制定机关或者其上级机关提出整改建议；整改情况要及时向有关方面反馈。违反《中华人民共和国反垄断法》的，反垄断执法机构可以向有关上级机关提出依法处理的建议。相关处理决定和建议依法向社会公开。

第二十八条 市场监管总局负责牵头组织政策措施抽查，检查有关政策措施是否履行审查程序、审查流程是否规范、审查结论是否准确等。对市场主体反映比较强烈、问题比较集中、滥用行政权力排除限制竞争行为多发的行业和地区，进行重点抽查。抽查结果及时反馈被抽查单位，并以适当方式向社会公开。对抽查发现的排除、限制竞争问题，被抽查单位应当及时整改。

各地应当结合实际，建立本地区政策措施抽查机制。

第二十九条 县级以上地方各级人民政府建立健全公平竞争审查考核制度，对落实公平竞争审查制度成效显著的单位予以表扬激励，对工作推进不力的进行督促整改，对工作中出现问题并造成不良后果的依法依规严肃处理。

第七章 附 则

第三十条 各地区、各部门在遵循《意见》和本细则规定的基础上，可以根据本地区、本行业实际情况，制定公平竞争审查工作办法和具体措施。

第三十一条 本细则自公布之日起实施。《公平竞争审查制度实施细则（暂行）》（发改价监〔2017〕1849号）同时废止。

附件：1. 公平竞争审查基本流程

2. 公平竞争审查表

附件1：

公平竞争审查基本流程

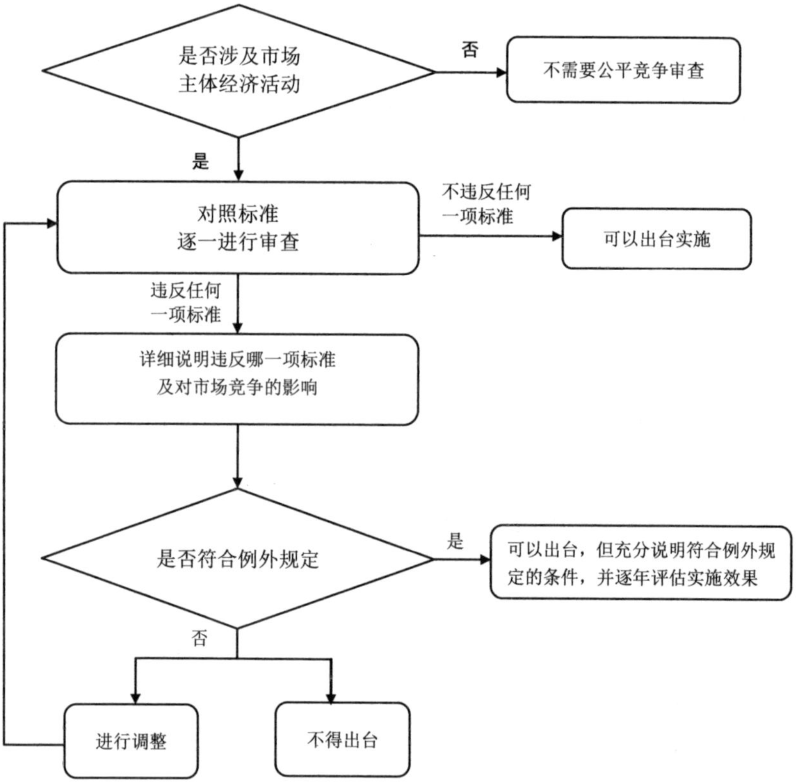

附件 2：

公平竞争审查表

年　　月　　日

<table>
<tr><td>政策措施名称</td><td colspan="4"></td></tr>
<tr><td>涉及行业领域</td><td colspan="4"></td></tr>
<tr><td>性质</td><td colspan="4">行政法规草案□　地方性法规草案□　规章□
规范性文件　□　其他政策措施　□</td></tr>
<tr><td rowspan="2">起草机构</td><td>名　称</td><td colspan="3"></td></tr>
<tr><td>联系人</td><td></td><td>电话</td><td></td></tr>
<tr><td rowspan="2">审查机构</td><td>名　称</td><td colspan="3"></td></tr>
<tr><td>联系人</td><td></td><td>电话</td><td></td></tr>
<tr><td rowspan="2">征求意见情况</td><td colspan="4">征求利害关系人意见□　向社会公开征求意见□</td></tr>
<tr><td colspan="4">具体情况（时间、对象、意见反馈和采纳情况）：

（可附相关报告）</td></tr>
</table>

续表

<table>
<tr><td>咨询及第三方评估情况（可选）</td><td colspan="2">（可附相关报告）</td></tr>
<tr><td>审查结论</td><td colspan="2">（可附相关报告）</td></tr>
<tr><td rowspan="2">适用例外规定</td><td colspan="2">是□　　否□</td></tr>
<tr><td>选择“是”时详细说明理由</td><td></td></tr>
<tr><td>其他需要说明的情况</td><td colspan="2"></td></tr>
<tr><td>审查机构主要负责人意见</td><td colspan="2">签字：　　　　盖章：</td></tr>
</table>

公平竞争审查第三方评估实施指南

（2019年2月12日 国家市场监督管理总局2019年第6号）

一、总 则

第一条 为建立健全公平竞争审查第三方评估机制，鼓励支持政策制定机关在公平竞争审查工作中引入第三方评估，提高审查质量和效果，推动公平竞争审查制度深入实施，根据《国务院关于在市场体系建设中建立公平竞争审查制度的意见》（国发〔2016〕34号，以下简称《意见》）要求，制定本指南。

第二条 本指南所称第三方评估，是指受政策制定机关委托，由利害关系方以外的组织机构，依据一定的标准和程序，运用科学、系统、规范的评估方法，对有关政策措施进行公平竞争评估，或者对公平竞争审查其他有关工作进行评估，形成评估报告供政策制定机关决策参考的活动。

第三条 第三方评估应当遵循客观公正、科学严谨、专业规范、公开透明、注重实效的原则。

第四条 各级公平竞争审查工作联席会议办公室委托第三方评估机构，对本级公平竞争审查制度总体实施情况进行评估，可以参照本指南执行。

二、适用范围和评估内容

第五条 政策制定机关在开展公平竞争审查工作的以下阶段和环节，均可以引入第三方评估。

（一）对拟出台的政策措施进行公平竞争审查；

（二）对经公平竞争审查出台的政策措施进行定期评估；

（三）对适用例外规定出台的政策措施进行逐年评估；

（四）对公平竞争审查制度实施前已出台的政策措施进行清理；

（五）对公平竞争审查制度实施情况进行综合评估；

（六）与公平竞争审查工作相关的其他阶段和环节。

第六条 对拟出台的政策措施进行公平竞争审查时存在以下情形之一的，鼓励引入第三方评估：

（一）政策制定机关拟适用例外规定的；

（二）社会舆论普遍关注、对社会公共利益影响重大的；

（三）存在较大争议、部门意见难以协调一致的；

（四）被多个单位或者个人反映或者举报涉嫌违反公平竞争审查标准的。

第七条 对拟出台的政策措施进行公平竞争审查时引入第三方评估，应当重点评估以下内容：

（一）是否涉及市场主体经济活动；

（二）是否违反公平竞争审查标准。如违反标准，分析对市场竞争的具体影响，并提出调整建议；

（三）是否符合适用例外规定的情形和条件。如不符合，提出调整建议。

第八条 对经公平竞争审查出台的政策措施进行定期评估时引入第三方评估，应当重点评估以下内容：

（一）此前做出的审查结论是否符合《意见》要求；

（二）政策措施出台后是否产生新的排除、限制竞争问题；

（三）法律法规政策变动情况对政策措施实施的影响；

（四）对评估发现排除、限制竞争的政策措施提出调整建议。

第九条 对适用例外规定出台的政策措施进行逐年评估时引入第三方评估，应当重点评估以下内容：

（一）此前做出的适用例外规定结论是否符合《意见》要求；

（二）政策措施是否达到预期效果；

（三）政策措施出台后是否出现对竞争损害更小的替代方案；

（四）法律法规政策变动情况对政策措施实施的影响；

（五）对评估发现不符合例外规定的政策措施提出调整建议。

第十条 对公平竞争审查制度实施前已出台的政策措施进行清理时引入第三方评估，应当重点评估以下内容：

（一）梳理属于清理范围的政策措施清单；

（二）评估相关政策措施是否排除、限制竞争；

（三）对排除、限制竞争的政策措施提出废止、调整、设置过渡期、适用例外规定等建议。

第十一条 对公平竞争审查制度实施情况进行综合评估时引入第三方评估，应当重点评估以下内容：

（一）工作部署落实情况，包括印发方案、建立机制、督查指导、宣传培训等；

（二）增量政策措施审查情况，包括审查范围是否全面，审查流程是否规范、审查结论是否准确等；

（三）存量政策措施清理情况，包括清理任务是否完成、清理范围是否全面、清理结果是否准确等；

（四）制度实施成效，包括经审查调整政策措施的情况、经清理废止调整政策措施的情况，以及公平竞争审查在预防和纠正行政性垄断、维护市场公平竞争、促进经济高质量发展等方面的作用等；

（五）总结分析制度实施中存在的问题，提炼可复制、可推广、能示范的制度性、机制性经验等；

（六）利害关系人、社会公众以及新闻媒体对制度实施情况的相关评价和意见建议等；

（七）其他与公平竞争审查工作相关的内容。

三、评估机构

第十二条 本指南所称第三方评估机构，是指与政策制定机关及评估事项无利害关系，且具备相应评估能力的实体性咨询研究机构，包括政府决策咨询及评估机构、高等院校、科研院所、专业咨询公司、律师事务所及其他社会组织等。

第十三条 政策制定机关可以参考以下条件，选择第三方评估机构：

（一）遵守国家法律法规和行业相关规定，组织机构健全、内部管理规范；

（二）在法学、经济学、公共政策等领域具有一定的影响力，拥有专业的研究团队，具备评估所需的理论研究、数据收集分析和决策咨询能力；

（三）在组织机构、人员构成、经费来源上独立于政策制定机关；

（四）与所评估的政策措施及其他事项无利害关系；

（五）能够承担民事责任，社会信誉良好；

（六）具体评估所需的其他条件。

四、评估程序和方法

第十四条 第三方评估按照下列程序进行：

（一）确定评估事项。政策制定机关可以根据实际需要，自行决定将有关政策措施或者公平竞争审查其他工作委托第三方评估机构进行评估。委托工作由政策制定机关的公平竞争审查机构负责。

（二）选择评估机构。政策制定机关通过政府采购确定第三方评估机构，签订委托协议，明确评估事项、质量要求、评估费用、评估时限、权责关系及违约责任等。

按照本指南第七条规定对相关政策措施进行事前评估后，再按照第八条或者第九条规定对同一项政策措施进行事后评估，原则上不得委托同一个第三方评估机构。

（三）制定评估方案。第三方评估机构根据政策制定机关的要求，组建评估小组，制定评估方案，明确具体的评估目标、内容、标准、方法、步骤、时间安排及成果形式等，经政策制定机关审核同意后组织实施。

（四）开展评估工作。第三方评估机构通过全面调查、抽样调查、网络调查、实地调研、舆情跟踪、专家论证等方式方法，汇总收集相关信息，广泛听取意见建议，全面了解真实情况，深入开展研究分析，形成评估报告。评估报告一般应包括基本情况、评估内容、评估方法、评估结论、意见建议、评估机构主要负责人及参与评估工作人员的签名、评估机构盖章以及需要说明的其他问题等。

（五）验收评估成果。政策制定机关对评估报告及其他评估工作情况进行验收。对符合评估方案要求的，履行成果交接、费用支付等手续；对不符合评估方案要求的，可以根据协议约定要求第三方评估机构限期补充评估或者重新评估。

第十五条 第三方评估应当遵循《意见》明确的基本分析框架和审查标准，并综合运用以下方法进行全面、客观、系统、深入的评估。

（一）定性评估。通过汇总、梳理、提炼、归纳相关资料和信息，运用相关基础理论，对政策措施影响市场竞争情况、制度实施情况等形成客观的定性评估结果。

（二）定量评估。使用规范统计数据，运用科学计算方法，对政策措施对市场竞争的影响程度、制度实施成效等形成准确的量化评估结论。定量评估应更多应用现代信息技术。

（三）比较分析。对政策措施实施前后的市场竞争状况进行对比分析。

（四）成本效益分析。将可以量化的竞争损害成本与政策措施取得的其他效益进行对比分析。

（五）第三方评估机构认为有助于评估的其他方法。

五、评估成果及运用

第十六条 评估成果所有权归政策制定机关所有。未经政策制定机关许可，第三方评估机构和有关个人不得对外披露、转让或许可他人使用相关成果。

第十七条 评估成果作为政策制定机关开展公平竞争审查、评价制度实施成效、制定工作推进方案的重要参考依据。鼓励各政策制定机关以适当方式共享评估成果。

第十八条 对拟出台的政策措施进行第三方评估的，政策制定机关应当在书面审查结论中说明评估相关情况。最终做出的审查结论与第三方评估结果不一致或者未采纳第三方评估相关意见建议的，应当在书面审查结论中说明理由。

六、保障措施和纪律要求

第十九条 第三方评估经费纳入政府预算管理，政策制定机关严格按照有关财务规定加强评估经费管理。

第二十条 政策制定机关在不影响正常工作的前提下，应当积极配合第三方评估工作，主动、全面、准确提供相关资料和情况，不得以任何形式干扰评估工作、敷衍应付评估活动或者预先设定评判性、结论性意见。

第二十一条 第三方评估机构及其工作人员应当严格遵守国家法律法规，严守职业道德和职业规范；严格履行保密义务，对评估工作中涉及国家秘密、商业秘密和个人隐私的必须严格保密，涉密文件和介质以及未公开的内部信息要严格按相关规定使用和保存；不得干扰政策制定机关正常工作，不得参与任何影响评估真实性、客观性、公正性的活动。

第二十二条 第三方评估机构在评估工作中出现以下情形之一的，有关政策制定机关应当及时向本级联席会议报告，由本级联席会议逐级上报部际联席会议，由部际联席会议进行通报：

（一）出现严重违规违约行为；

（二）政策制定机关根据第三方评估机构做出的评估报告得出公

平竞争审查结论，并出台相关政策措施，被认定违反公平竞争审查标准。

对存在失信行为的，推送至全国信用信息共享平台，记入其信用档案。

七、附　　则

第二十三条　本指南由公平竞争审查工作部际联席会议办公室负责解释。

第二十四条　本指南自发布之日起生效，有效期三年。

二 垄断违法行为规制

禁止垄断协议暂行规定

（2019 年 6 月 26 日国家市场监督管理总局令第 10 号公布　根据 2022 年 3 月 24 日《国家市场监督管理总局关于修改和废止有关规章的决定》修改）

第一条　为了预防和制止垄断协议，根据《中华人民共和国反垄断法》（以下简称反垄断法），制定本规定。

第二条　国家市场监督管理总局（以下简称市场监管总局）负责垄断协议的反垄断执法工作。

市场监管总局根据反垄断法第十条第二款规定，授权各省、自治区、直辖市市场监督管理部门（以下简称省级市场监管部门）负责本行政区域内垄断协议的反垄断执法工作。

本规定所称反垄断执法机构包括市场监管总局和省级市场监管部门。

第三条　市场监管总局负责查处下列垄断协议：

（一）跨省、自治区、直辖市的；

（二）案情较为复杂或者在全国有重大影响的；

（三）市场监管总局认为有必要直接查处的。

前款所列垄断协议，市场监管总局可以指定省级市场监管部门查处。

省级市场监管部门根据授权查处垄断协议时，发现不属于本部门查处范围，或者虽属于本部门查处范围，但有必要由市场监管总局查处的，应当及时向市场监管总局报告。

第四条 反垄断执法机构查处垄断协议时，应当平等对待所有经营者。

第五条 垄断协议是指排除、限制竞争的协议、决定或者其他协同行为。

协议或者决定可以是书面、口头等形式。

其他协同行为是指经营者之间虽未明确订立协议或者决定，但实质上存在协调一致的行为。

第六条 认定其他协同行为，应当考虑下列因素：

（一）经营者的市场行为是否具有一致性；

（二）经营者之间是否进行过意思联络或者信息交流；

（三）经营者能否对行为的一致性作出合理解释；

（四）相关市场的市场结构、竞争状况、市场变化等情况。

第七条 禁止具有竞争关系的经营者就商品或者服务（以下统称商品）价格达成下列垄断协议：

（一）固定或者变更价格水平、价格变动幅度、利润水平或者折扣、手续费等其他费用；

（二）约定采用据以计算价格的标准公式；

（三）限制参与协议的经营者的自主定价权；

（四）通过其他方式固定或者变更价格。

第八条 禁止具有竞争关系的经营者就限制商品的生产数量或者销售数量达成下列垄断协议：

（一）以限制产量、固定产量、停止生产等方式限制商品的生产数量，或者限制特定品种、型号商品的生产数量；

（二）以限制商品投放量等方式限制商品的销售数量，或者限制特定品种、型号商品的销售数量；

（三）通过其他方式限制商品的生产数量或者销售数量。

第九条 禁止具有竞争关系的经营者就分割销售市场或者原材料采购市场达成下列垄断协议：

（一）划分商品销售地域、市场份额、销售对象、销售收入、销售利润或者销售商品的种类、数量、时间；

（二）划分原料、半成品、零部件、相关设备等原材料的采购区域、种类、数量、时间或者供应商；

（三）通过其他方式分割销售市场或者原材料采购市场。

前款规定中的原材料还包括经营者生产经营所必需的技术和服务。

第十条 禁止具有竞争关系的经营者就限制购买新技术、新设备或者限制开发新技术、新产品达成下列垄断协议：

（一）限制购买、使用新技术、新工艺；

（二）限制购买、租赁、使用新设备、新产品；

（三）限制投资、研发新技术、新工艺、新产品；

（四）拒绝使用新技术、新工艺、新设备、新产品；

（五）通过其他方式限制购买新技术、新设备或者限制开发新技术、新产品。

第十一条 禁止具有竞争关系的经营者就联合抵制交易达成下列垄断协议：

（一）联合拒绝向特定经营者供应或者销售商品；

（二）联合拒绝采购或者销售特定经营者的商品；

（三）联合限定特定经营者不得与其具有竞争关系的经营者进行交易；

（四）通过其他方式联合抵制交易。

第十二条 禁止经营者与交易相对人就商品价格达成下列垄断协议：

（一）固定向第三人转售商品的价格水平、价格变动幅度、利润水平或者折扣、手续费等其他费用；

（二）限定向第三人转售商品的最低价格，或者通过限定价格变动幅度、利润水平或者折扣、手续费等其他费用限定向第三人转售商品的最低价格；

（三）通过其他方式固定转售商品价格或者限定转售商品最低价格。

第十三条 不属于本规定第七条至第十二条所列情形的其他协议、决定或者协同行为，有证据证明排除、限制竞争的，应当认定为垄断协议并予以禁止。

前款规定的垄断协议由市场监管总局负责认定，认定时应当考虑下列因素：

（一）经营者达成、实施协议的事实；

（二）市场竞争状况；

（三）经营者在相关市场中的市场份额及其对市场的控制力；

（四）协议对商品价格、数量、质量等方面的影响；

（五）协议对市场进入、技术进步等方面的影响；

（六）协议对消费者、其他经营者的影响；

（七）与认定垄断协议有关的其他因素。

第十四条 禁止行业协会从事下列行为：

（一）制定、发布含有排除、限制竞争内容的行业协会章程、规则、决定、通知、标准等；

（二）召集、组织或者推动本行业的经营者达成含有排除、限制竞争内容的协议、决议、纪要、备忘录等；

（三）其他组织本行业经营者达成或者实施垄断协议的行为。

本规定所称行业协会是指由同行业经济组织和个人组成，行使行业服务和自律管理职能的各种协会、学会、商会、联合会、促进会等社会团体法人。

第十五条 反垄断执法机构依据职权，或者通过举报、上级机关交办、其他机关移送、下级机关报告、经营者主动报告等途径，发现涉嫌垄断协议。

第十六条 举报采用书面形式并提供相关事实和证据的，反垄断执法机构应当进行必要的调查。书面举报一般包括下列内容：

（一）举报人的基本情况；

（二）被举报人的基本情况；

（三）涉嫌垄断协议的相关事实和证据；

（四）是否就同一事实已向其他行政机关举报或者向人民法院提起诉讼。

反垄断执法机构根据工作需要，可以要求举报人补充举报材料。

第十七条 反垄断执法机构经过对涉嫌垄断协议的必要调查，决定是否立案。

省级市场监管部门应当自立案之日起7个工作日内向市场监管总局备案。

第十八条 市场监管总局在查处垄断协议时，可以委托省级市场监管部门进行调查。

省级市场监管部门在查处垄断协议时，可以委托下级市场监管部门进行调查。

受委托的市场监管部门在委托范围内，以委托机关的名义实施调查，不得再委托其他行政机关、组织或者个人进行调查。

第十九条 省级市场监管部门查处涉嫌垄断协议时，可以根据需要商请相关省级市场监管部门协助调查，相关省级市场监管部门应当予以协助。

第二十条 反垄断执法机构对垄断协议进行行政处罚的，应当依法制作行政处罚决定书。

行政处罚决定书的内容包括：

（一）经营者的姓名或者名称、地址等基本情况；

（二）案件来源及调查经过；

（三）违法事实和相关证据；

（四）经营者陈述、申辩的采纳情况及理由；

（五）行政处罚的内容和依据；

（六）行政处罚的履行方式、期限；

（七）不服行政处罚决定，申请行政复议或者提起行政诉讼的途径和期限；

（八）作出行政处罚决定的反垄断执法机构名称和作出决定的日期。

第二十一条 涉嫌垄断协议的经营者在被调查期间，可以提出中止调查申请，承诺在反垄断执法机构认可的期限内采取具体措施消除行为影响。

中止调查申请应当以书面形式提出，并由经营者负责人签字并盖章。申请书应当载明下列事项：

（一）涉嫌垄断协议的事实；

（二）承诺采取消除行为后果的具体措施；

（三）履行承诺的时限；

（四）需要承诺的其他内容。

反垄断执法机构对涉嫌垄断协议调查核实后，认为构成垄断协议的，应当依法作出处理决定，不再接受经营者提出的中止调查申请。

第二十二条 反垄断执法机构根据被调查经营者的中止调查申请，在考虑行为的性质、持续时间、后果、社会影响、经营者承诺的措施及其预期效果等具体情况后，决定是否中止调查。

对于符合本规定第七条至第九条规定的涉嫌垄断协议，反垄断执法机构不得接受中止调查申请。

第二十三条 反垄断执法机构决定中止调查的，应当制作中止调查决定书。

中止调查决定书应当载明被调查经营者涉嫌达成垄断协议的事实、承诺的具体内容、消除影响的具体措施、履行承诺的时限以及未履行或者未完全履行承诺的法律后果等内容。

第二十四条 决定中止调查的，反垄断执法机构应当对经营者履行承诺的情况进行监督。

经营者应当在规定的时限内向反垄断执法机构书面报告承诺履行情况。

第二十五条 反垄断执法机构确定经营者已经履行承诺的，可以决定终止调查，并制作终止调查决定书。

终止调查决定书应当载明被调查经营者涉嫌垄断协议的事实、承诺的具体内容、履行承诺的情况、监督情况等内容。

有下列情形之一的，反垄断执法机构应当恢复调查：

（一）经营者未履行或者未完全履行承诺的；

（二）作出中止调查决定所依据的事实发生重大变化的；

（三）中止调查决定是基于经营者提供的不完整或者不真实的信息作出的。

第二十六条 经营者能够证明被调查的垄断协议属于反垄断法第十五条规定情形的，不适用本规定第七条至第十三条的规定。

第二十七条 反垄断执法机构认定被调查的垄断协议是否属于反垄断法第十五条规定的情形，应当考虑下列因素：

（一）协议实现该情形的具体形式和效果；

（二）协议与实现该情形之间的因果关系；

（三）协议是否是实现该情形的必要条件；

（四）其他可以证明协议属于相关情形的因素。

反垄断执法机构认定消费者能否分享协议产生的利益，应当考虑消费者是否因协议的达成、实施在商品价格、质量、种类等方面获得利益。

第二十八条 反垄断执法机构认定被调查的垄断协议属于反垄断法第十五条规定情形的，应当终止调查并制作终止调查决定书。终止调查决定书应当载明协议的基本情况、适用反垄断法第十五条的依据和理由等内容。

反垄断执法机构作出终止调查决定后，因情况发生重大变化，导致被调查的协议不再符合反垄断法第十五条规定情形的，反垄断执法机构应当重新启动调查。

第二十九条 省级市场监管部门作出中止调查决定、终止调查决定或者行政处罚告知前，应当向市场监管总局报告。

省级市场监管部门向被调查经营者送达中止调查决定书、终止调查决定书或者行政处罚决定书后，应当在7个工作日内向市场监管总局备案。

第三十条 反垄断执法机构作出行政处理决定后，依法向社会公布。其中，行政处罚信息应当依法通过国家企业信用信息公示系统向社会公示。

第三十一条 市场监管总局应当加强对省级市场监管部门查处垄断协议的指导和监督，统一执法标准。

省级市场监管部门应当严格按照市场监管总局相关规定查处垄断协议案件。

第三十二条 经营者违反本规定，达成并实施垄断协议的，由反垄断执法机构责令停止违法行为，没收违法所得，并处上一年度销售额百分之一以上百分之十以下的罚款；尚未实施所达成的垄断协议的，可以处五十万元以下的罚款。

行业协会违反本规定，组织本行业的经营者达成垄断协议的，反垄断执法机构可以对其处五十万元以下的罚款；情节严重的，反垄断执法机构可以提请社会团体登记管理机关依法撤销登记。

反垄断执法机构确定具体罚款数额时，应当考虑违法行为的性质、情节、程度、持续时间等因素。

经营者因行政机关和法律、法规授权的具有管理公共事务职能的组织滥用行政权力而达成垄断协议的，按照前款规定处理。经营者能够证明其达成垄断协议是被动遵守行政命令所导致的，可以依法从轻或者减轻处罚。

第三十三条 参与垄断协议的经营者主动报告达成垄断协议有关

情况并提供重要证据的，可以申请依法减轻或者免除处罚。

重要证据是指能够对反垄断执法机构启动调查或者对认定垄断协议起到关键性作用的证据，包括参与垄断协议的经营者、涉及的商品范围、达成协议的内容和方式、协议的具体实施等情况。

第三十四条 经营者根据本规定第三十三条提出申请的，反垄断执法机构应当根据经营者主动报告的时间顺序、提供证据的重要程度以及达成、实施垄断协议的有关情况，决定是否减轻或者免除处罚。

对于第一个申请者，反垄断执法机构可以免除处罚或者按照不低于百分之八十的幅度减轻罚款；对于第二个申请者，可以按照百分之三十至百分之五十的幅度减轻罚款；对于第三个申请者，可以按照百分之二十至百分之三十的幅度减轻罚款。

第三十五条 本规定对垄断协议调查、处罚程序未做规定的，依照《市场监督管理行政处罚程序规定》执行，有关时限、立案、案件管辖的规定除外。

反垄断执法机构组织行政处罚听证的，依照《市场监督管理行政处罚听证办法》执行。

第三十六条 本规定自2019年9月1日起施行。2009年5月26日原国家工商行政管理总局令第42号公布的《工商行政管理机关查处垄断协议、滥用市场支配地位案件程序规定》、2010年12月31日原国家工商行政管理总局令第53号公布的《工商行政管理机关禁止垄断协议行为的规定》同时废止。

国务院反垄断委员会
横向垄断协议案件宽大制度适用指南

（2019年1月4日 国反垄发〔2019〕2号）

第一条 指南的目的和依据

根据《中华人民共和国反垄断法》（下称《反垄断法》）第四十六条第二款规定，经营者主动向国务院反垄断执法机构（下称执法机构）报告达成垄断协议的有关情况并提供重要证据，执法机构可以酌情减轻或者免除对该经营者的处罚（下称宽大制度）。为指导在横向垄断协议案件中适用上述规定，提高执法机构工作的透明度，便于经营者申请宽大，根据《反垄断法》，制定本指南。

第二条 宽大制度的意义

横向垄断协议通常具有严重排除、限制竞争的效果，同时具有高度隐秘性，且经营者之间相对稳定，如果相关经营者能够主动配合，将极大降低执法机构发现横向垄断协议并展开调查的难度。因此，执法机构认为，对于愿意主动报告横向垄断协议并提供重要证据，同时停止涉嫌违法行为并配合执法机构调查的经营者，执法机构相应地对其减轻或者免除处罚，有助于提高执法机构发现并查处垄断协议行为的效率，节约行政执法成本，维护消费者的利益。同时，执法机构也认为，给予经营者宽大的额度应当与经营者协助执法机构查处横向垄断协议案件的贡献程度相匹配。

第三条 指南的适用范围

本指南仅适用于横向垄断协议案件。

横向垄断协议是指《反垄断法》第十三条第一款所规定的具有竞争关系的经营者达成的垄断协议。本指南下文中所指的垄断协议均指横向垄断协议。

第四条　经营者申请宽大的时间

参与垄断协议的经营者可以在执法机构立案前或者依据《反垄断法》启动调查程序前，也可以在执法机构立案后或者依据《反垄断法》启动调查程序后、作出行政处罚事先告知前，向执法机构申请宽大。

第五条　经营者与执法机构的事先沟通

执法机构鼓励经营者尽可能早地报告垄断协议有关情况。经营者申请宽大前，可以匿名或者实名通过口头或者书面方式与执法机构进行沟通。

第六条　经营者申请免除处罚应提交的材料

第一个向执法机构提交垄断协议有关情况的报告及重要证据的经营者，可以申请免除处罚。

报告应当明确承认经营者从事了涉嫌违反《反垄断法》的垄断协议行为，详细说明达成和实施垄断协议的具体情况。报告需要包括以下信息：（一）垄断协议的参与者基本信息（包括但不限于名称、地址、联系方式及参与代表等）；（二）垄断协议的情况（包括但不限于联络的时间、地点、内容以及具体参与人员）；（三）垄断协议主要内容（包括但不限于涉及的商品或者服务、价格、数量等）及经营者达成和实施垄断协议情况；（四）影响的地域范围和市场规模；（五）实施垄断协议的持续时间；（六）证据材料的说明；（七）是否向其他境外执法机构申请宽大；（八）其他有关文件、材料。

经营者提供的重要证据是指：（一）执法机构尚未掌握案件线索或者证据的，足以使执法机构立案或者依据《反垄断法》启动调查程序的证据；（二）执法机构立案后或者依据《反垄断法》启动调查程序后，经营者提供的证据是执法机构尚未掌握的，并且能够认定构成《反垄断法》第十三条规定的垄断协议的。

第七条　经营者申请免除处罚的登记

第一个申请免除处罚的经营者向执法机构提交本指南第六条关于垄断协议的报告及重要证据的，执法机构向经营者出具书面回执，明确收到的时间及材料清单。

第一个申请免除处罚的经营者向执法机构提交的报告不符合本指南第六条第二款要求的，执法机构将不出具书面回执。

第一个申请免除处罚的经营者向执法机构提交的报告符合本指南第六条第二款要求，但未提供证据或者证据不全的，执法机构可以进行登记，将出具本条第一款的书面回执，并要求经营者在规定的期限内补充相关证据。该期限一般最长不超过 30 日，特殊情况下可以延长至 60 日。如果经营者在执法机构要求的期限内补充提交相关证据，执法机构将以其收到报告的时间为申请宽大时间；经营者未在期限内按要求补充提交相关证据的，执法机构将取消其登记资格。

第一个申请免除处罚的经营者被取消登记资格后，在没有其他经营者申请宽大情况下，仍然可以完善相关证据，按照本条第一款规定向执法机构申请免除处罚；若其再次申请免除处罚前，已有其他经营者申请宽大的，被取消登记资格的经营者可以申请减轻处罚。

除前款规定的情形外，申请免除处罚的经营者被取消登记资格的，第一个已申请减轻处罚的经营者自动调整为免除处罚的申请者。

第八条　经营者申请减轻处罚应提交的证据

第一个之后提交垄断协议有关情况的报告及重要证据的经营者，可以向执法机构申请减轻处罚。执法机构向经营者出具书面回执，明确收到的时间及材料清单。

报告需要包括垄断协议的参与者、涉及的产品或者服务、达成和实施的时间、地域等。

经营者提供的重要证据，是执法机构尚未掌握的，并对最终认定垄断协议行为具有显著证明效力的证据，包括：（一）在垄断协议的达成方式和实施行为方面具有更大证明力或者补充证明价值的证据；（二）在垄断协议的内容、达成和实施的时间、涉及的产品或者服务范畴、参与成员等方面具有补充证明价值的证据；（三）其他能够证明和固定垄断协议证明力的证据。

第九条　经营者申请宽大的形式

经营者申请宽大的报告可以是口头或者书面形式。以口头形式报告的，将在执法机构办公场所进行录音、书面记录并由经营者授权的报告人签名确认；书面形式包括通过电子邮件、传真或者书面纸质材料等，但经营者需要签名、盖章或者以其他方式确认。

第十条　经营者获得宽大需要满足的其他条件

经营者申请宽大应按照本指南要求提交报告、证据，并且全部满足下列条件，可以获得宽大：

（一）申请宽大后立即停止涉嫌违法行为，但执法机构为保证调查工作顺利进行而要求经营者继续实施上述行为的情况除外。经营者已经向境外执法机构申请宽大，并被要求继续实施上述行为的，应当向执法机构报告；

（二）迅速、持续、全面、真诚地配合执法机构的调查工作；

（三）妥善保存并提供证据和信息，不得隐匿、销毁、转移证据或者提供虚假材料、信息；

（四）未经执法机构同意不得对外披露向执法机构申请宽大的情况；

（五）不得有其他影响反垄断执法调查的行为。

经营者组织、胁迫其他经营者参与达成、实施垄断协议或者妨碍其他经营者停止该违法行为的，执法机构不对其免除处罚，但可以相应给予减轻处罚。

第十一条　经营者申请宽大顺位的确定

执法机构按照经营者申请宽大的时间先后为经营者排序，确定经营者申请宽大的顺位。

经营者未履行本指南第十条第一款所列义务的，执法机构将取消其顺位。申请免除处罚的经营者顺位被取消的，不得递补；申请减轻处罚的经营者顺位被取消后，其后顺位的经营者可以依次向前递补。

第十二条　执法机构的审理审查

执法机构调查认定垄断协议行为成立的，将根据经营者违法行为的情节轻重确定对经营者的处罚金额，并根据经营者申请宽大的顺位及本指南第十条情形作出是否给予经营者宽大以及处罚减免幅度。

一般情况下，执法机构在同一垄断协议案件中最多给予三个经营者宽大。如果案件重大复杂、涉及经营者众多，并且申请宽大的经营者确实提供了不同的重要证据，执法机构可以考虑给予更多的经营者宽大。

执法机构不予宽大的，不以经营者提交的材料作为认定经营者从事垄断协议行为的证据。

第十三条　执法机构免除、减轻经营者的罚款

对于第一顺位的经营者，执法机构可以对经营者免除全部罚款或者按照不低于80%的幅度减轻罚款。在执法机构立案前或者依据《反垄断法》启动调查程序前申请宽大并确定为第一顺位的经营者，执法机构将免除全部罚款，存在本指南第十条第二款情形的除外。

对于第二顺位的经营者，执法机构可以按照30%至50%的幅度减轻罚款；对于第三顺位的经营者，可以按照20%至30%的幅度减轻罚款；对于后序顺位的经营者，可以按照不高于20%的幅度减轻罚款。

本指南所称罚款是指，将申请罚款减免以外的所有情节综合考虑后确定对经营者作出的罚款金额。

第十四条　执法机构减免没收经营者的违法所得

为鼓励经营者主动报告垄断协议行为并提供重要证据，执法机构在减免罚款的同时可以考虑参考本指南第十三条处理经营者的违法所得。

第十五条　执法机构决定的公开

执法机构决定给予经营者宽大的，应当在决定中写明给予经营者宽大的结果和理由，并依法将决定及时向社会公布。

第十六条　执法机构的保密义务

对经营者依据本指南申请宽大所提交的报告、形成的文书等材料，未经经营者同意不得对外公开，任何单位、个人均无权查阅。

禁止滥用市场支配地位行为暂行规定

（2019年6月26日国家市场监督管理总局令第11号公布　根据2022年3月24日《国家市场监督管理总局关于修改和废止有关规章的决定》修改）

第一条　为了预防和制止滥用市场支配地位行为，根据《中华人民共和国反垄断法》（以下简称反垄断法），制定本规定。

第二条　国家市场监督管理总局（以下简称市场监管总局）负责滥用市场支配地位行为的反垄断执法工作。

市场监管总局根据反垄断法第十条第二款规定，授权各省、自治区、直辖市市场监督管理部门（以下简称省级市场监管部门）负责本行政区域内滥用市场支配地位行为的反垄断执法工作。

本规定所称反垄断执法机构包括市场监管总局和省级市场监管部门。

第三条　市场监管总局负责查处下列滥用市场支配地位行为：

（一）跨省、自治区、直辖市的；

（二）案情较为复杂或者在全国有重大影响的；

（三）市场监管总局认为有必要直接查处的。

前款所列滥用市场支配地位行为，市场监管总局可以指定省级市场监管部门查处。

省级市场监管部门根据授权查处滥用市场支配地位行为时，发现不属于本部门查处范围，或者虽属于本部门查处范围，但有必要由市场监管总局查处的，应当及时向市场监管总局报告。

第四条 反垄断执法机构查处滥用市场支配地位行为时，应当平等对待所有经营者。

第五条 市场支配地位是指经营者在相关市场内具有能够控制商品或者服务（以下统称商品）价格、数量或者其他交易条件，或者能够阻碍、影响其他经营者进入相关市场能力的市场地位。

本条所称其他交易条件是指除商品价格、数量之外能够对市场交易产生实质影响的其他因素，包括商品品种、商品品质、付款条件、交付方式、售后服务、交易选择、技术约束等。

本条所称能够阻碍、影响其他经营者进入相关市场，包括排除其他经营者进入相关市场，或者延缓其他经营者在合理时间内进入相关市场，或者导致其他经营者虽能够进入该相关市场但进入成本大幅提高，无法与现有经营者开展有效竞争等情形。

第六条 根据反垄断法第十八条第一项，确定经营者在相关市场的市场份额，可以考虑一定时期内经营者的特定商品销售金额、销售数量或者其他指标在相关市场所占的比重。

分析相关市场竞争状况，可以考虑相关市场的发展状况、现有竞争者的数量和市场份额、商品差异程度、创新和技术变化、销售和采购模式、潜在竞争者情况等因素。

第七条 根据反垄断法第十八条第二项，确定经营者控制销售市场或者原材料采购市场的能力，可以考虑该经营者控制产业链上下游市场的能力，控制销售渠道或者采购渠道的能力，影响或者决定价格、数量、合同期限或者其他交易条件的能力，以及优先获得企业生产经营所必需的原料、半成品、零部件、相关设备以及需要投入的其他资源的能力等因素。

第八条 根据反垄断法第十八条第三项，确定经营者的财力和技术条件，可以考虑该经营者的资产规模、盈利能力、融资能力、研发能力、技术装备、技术创新和应用能力、拥有的知识产权等，以及该财力和技术条件能够以何种方式和程度促进该经营者业务扩张或者巩固、维持市场地位等因素。

第九条 根据反垄断法第十八条第四项，确定其他经营者对该经营者在交易上的依赖程度，可以考虑其他经营者与该经营者之间的交易关系、交易量、交易持续时间、在合理时间内转向其他交易相对人的难易程度等因素。

第十条 根据反垄断法第十八条第五项，确定其他经营者进入相关市场的难易程度，可以考虑市场准入、获取必要资源的难度、采购和销售渠道的控制情况、资金投入规模、技术壁垒、品牌依赖、用户转换成本、消费习惯等因素。

第十一条 根据反垄断法第十八条和本规定第六条至第十条规定认定互联网等新经济业态经营者具有市场支配地位，可以考虑相关行业竞争特点、经营模式、用户数量、网络效应、锁定效应、技术特性、市场创新、掌握和处理相关数据的能力及经营者在关联市场的市场力量等因素。

第十二条 根据反垄断法第十八条和本规定第六条至第十条认定知识产权领域经营者具有市场支配地位，可以考虑知识产权的替代性、下游市场对利用知识产权所提供商品的依赖程度、交易相对人对经营者的制衡能力等因素。

第十三条 认定两个以上的经营者具有市场支配地位，除考虑本规定第六条至第十二条规定的因素外，还应当考虑市场结构、相关市场透明度、相关商品同质化程度、经营者行为一致性等因素。

第十四条 禁止具有市场支配地位的经营者以不公平的高价销

售商品或者以不公平的低价购买商品。

认定“不公平的高价”或者“不公平的低价”，可以考虑下列因素：

（一）销售价格或者购买价格是否明显高于或者明显低于其他经营者在相同或者相似市场条件下销售或者购买同种商品或者可比较商品的价格；

（二）销售价格或者购买价格是否明显高于或者明显低于同一经营者在其他相同或者相似市场条件区域销售或者购买商品的价格；

（三）在成本基本稳定的情况下，是否超过正常幅度提高销售价格或者降低购买价格；

（四）销售商品的提价幅度是否明显高于成本增长幅度，或者购买商品的降价幅度是否明显高于交易相对人成本降低幅度；

（五）需要考虑的其他相关因素。

认定市场条件相同或者相似，应当考虑销售渠道、销售模式、供求状况、监管环境、交易环节、成本结构、交易情况等因素。

第十五条 禁止具有市场支配地位的经营者没有正当理由，以低于成本的价格销售商品。

认定低于成本的价格销售商品，应当重点考虑价格是否低于平均可变成本。平均可变成本是指随着生产的商品数量变化而变动的每单位成本。涉及互联网等新经济业态中的免费模式，应当综合考虑经营者提供的免费商品以及相关收费商品等情况。

本条所称“正当理由”包括：

（一）降价处理鲜活商品、季节性商品、有效期限即将到期的商品和积压商品的；

（二）因清偿债务、转产、歇业降价销售商品的；

（三）在合理期限内为推广新商品进行促销的；

（四）能够证明行为具有正当性的其他理由。

第十六条 禁止具有市场支配地位的经营者没有正当理由，通过下列方式拒绝与交易相对人进行交易：

（一）实质性削减与交易相对人的现有交易数量；

（二）拖延、中断与交易相对人的现有交易；

（三）拒绝与交易相对人进行新的交易；

（四）设置限制性条件，使交易相对人难以与其进行交易；

（五）拒绝交易相对人在生产经营活动中，以合理条件使用其必需设施。

在依据前款第五项认定经营者滥用市场支配地位时，应当综合考虑以合理的投入另行投资建设或者另行开发建造该设施的可行性、交易相对人有效开展生产经营活动对该设施的依赖程度、该经营者提供该设施的可能性以及对自身生产经营活动造成的影响等因素。

本条所称“正当理由”包括：

（一）因不可抗力等客观原因无法进行交易；

（二）交易相对人有不良信用记录或者出现经营状况恶化等情况，影响交易安全；

（三）与交易相对人进行交易将使经营者利益发生不当减损；

（四）能够证明行为具有正当性的其他理由。

第十七条 禁止具有市场支配地位的经营者没有正当理由，从事下列限定交易行为：

（一）限定交易相对人只能与其进行交易；

（二）限定交易相对人只能与其指定的经营者进行交易；

（三）限定交易相对人不得与特定经营者进行交易。

从事上述限定交易行为可以是直接限定，也可以是以设定交易条件等方式变相限定。

本条所称“正当理由”包括：

（一）为满足产品安全要求所必须；

（二）为保护知识产权所必须；

（三）为保护针对交易进行的特定投资所必须；

（四）能够证明行为具有正当性的其他理由。

第十八条 禁止具有市场支配地位的经营者没有正当理由搭售商品，或者在交易时附加其他不合理的交易条件：

（一）违背交易惯例、消费习惯或者无视商品的功能，将不同商品捆绑销售或者组合销售；

（二）对合同期限、支付方式、商品的运输及交付方式或者服务的提供方式等附加不合理的限制；

（三）对商品的销售地域、销售对象、售后服务等附加不合理的限制；

（四）交易时在价格之外附加不合理费用；

（五）附加与交易标的无关的交易条件。

本条所称“正当理由”包括：

（一）符合正当的行业惯例和交易习惯；

（二）为满足产品安全要求所必须；

（三）为实现特定技术所必须；

（四）能够证明行为具有正当性的其他理由。

第十九条 禁止具有市场支配地位的经营者没有正当理由，对条件相同的交易相对人在交易条件上实行下列差别待遇：

（一）实行不同的交易价格、数量、品种、品质等级；

（二）实行不同的数量折扣等优惠条件；

（三）实行不同的付款条件、交付方式；

（四）实行不同的保修内容和期限、维修内容和时间、零配件供应、技术指导等售后服务条件。

条件相同是指交易相对人之间在交易安全、交易成本、规模和能力、信用状况、所处交易环节、交易持续时间等方面不存在实质性影响交易的差别。

本条所称“正当理由”包括：

（一）根据交易相对人实际需求且符合正当的交易习惯和行业惯

例，实行不同交易条件；

（二）针对新用户的首次交易在合理期限内开展的优惠活动；

（三）能够证明行为具有正当性的其他理由。

第二十条 反垄断执法机构认定本规定第十四条所称的“不公平”和第十五条至第十九条所称的“正当理由”，还应当考虑下列因素：

（一）有关行为是否为法律、法规所规定；

（二）有关行为对社会公共利益的影响；

（三）有关行为对经济运行效率、经济发展的影响；

（四）有关行为是否为经营者正常经营及实现正常效益所必须；

（五）有关行为对经营者业务发展、未来投资、创新方面的影响；

（六）有关行为是否能够使交易相对人或者消费者获益。

第二十一条 市场监管总局认定其他滥用市场支配地位行为，应当同时符合下列条件：

（一）经营者具有市场支配地位；

（二）经营者实施了排除、限制竞争行为；

（三）经营者实施相关行为不具有正当理由；

（四）经营者相关行为对市场竞争具有排除、限制影响。

第二十二条 供水、供电、供气、供热、电信、有线电视、邮政、交通运输等公用事业领域经营者应当依法经营，不得滥用其市场支配地位损害消费者利益。

第二十三条 反垄断执法机构依据职权，或者通过举报、上级机关交办、其他机关移送、下级机关报告、经营者主动报告等途径，发现涉嫌滥用市场支配地位行为。

第二十四条 举报采用书面形式并提供相关事实和证据的，反垄断执法机构应当进行必要的调查。书面举报一般包括下列内容：

（一）举报人的基本情况；

（二）被举报人的基本情况；

（三）涉嫌滥用市场支配地位行为的相关事实和证据；

（四）是否就同一事实已向其他行政机关举报或者向人民法院提起诉讼。

反垄断执法机构根据工作需要，可以要求举报人补充举报材料。

第二十五条 反垄断执法机构经过对涉嫌滥用市场支配地位行为必要的调查，决定是否立案。

省级市场监管部门应当自立案之日起7个工作日内向市场监管总局备案。

第二十六条 市场监管总局在查处滥用市场支配地位行为时，可以委托省级市场监管部门进行调查。

省级市场监管部门在查处滥用市场支配地位行为时，可以委托下级市场监管部门进行调查。

受委托的市场监管部门在委托范围内，以委托机关的名义实施调查，不得再委托其他行政机关、组织或者个人进行调查。

第二十七条 省级市场监管部门查处涉嫌滥用市场支配地位行为时，可以根据需要商请相关省级市场监管部门协助调查，相关省级市场监管部门应当予以协助。

第二十八条 反垄断执法机构对滥用市场支配地位行为进行行政处罚的，应当依法制作行政处罚决定书。

行政处罚决定书的内容包括：

（一）经营者的姓名或者名称、地址等基本情况；

（二）案件来源及调查经过；

（三）违法事实和相关证据；

（四）经营者陈述、申辩的采纳情况及理由；

（五）行政处罚的内容和依据；

（六）行政处罚的履行方式、期限；

（七）不服行政处罚决定，申请行政复议或者提起行政诉讼的途径和期限；

（八）作出行政处罚决定的反垄断执法机构名称和作出决定的日期。

第二十九条 涉嫌滥用市场支配地位的经营者在被调查期间，可以提出中止调查申请，承诺在反垄断执法机构认可的期限内采取具体措施消除行为影响。

中止调查申请应当以书面形式提出，并由经营者负责人签字并盖章。申请书应当载明下列事项：

（一）涉嫌滥用市场支配地位行为的事实；

（二）承诺采取消除行为后果的具体措施；

（三）履行承诺的时限；

（四）需要承诺的其他内容。

反垄断执法机构对涉嫌滥用市场支配地位行为调查核实后，认为构成涉嫌滥用市场支配地位行为的，应当依法作出处理决定，不再接受经营者提出的中止调查申请。

第三十条 反垄断执法机构根据被调查经营者的中止调查申请，在考虑行为的性质、持续时间、后果、社会影响、经营者承诺的措施及其预期效果等具体情况后，决定是否中止调查。

第三十一条 反垄断执法机构决定中止调查的，应当制作中止调查决定书。

中止调查决定书应当载明被调查经营者涉嫌滥用市场支配地位行为的事实、承诺的具体内容、消除影响的具体措施、履行承诺的时限以及未履行或者未完全履行承诺的法律后果等内容。

第三十二条 决定中止调查的，反垄断执法机构应当对经营者履行承诺的情况进行监督。

经营者应当在规定的时限内向反垄断执法机构书面报告承诺履行情况。

第三十三条 反垄断执法机构确定经营者已经履行承诺的，可以决定终止调查，并制作终止调查决定书。

终止调查决定书应当载明被调查经营者涉嫌滥用市场支配地位行为的事实、承诺的具体内容、履行承诺的情况、监督情况等内容。

有下列情形之一的，反垄断执法机构应当恢复调查：

（一）经营者未履行或者未完全履行承诺的；

（二）作出中止调查决定所依据的事实发生重大变化的；

（三）中止调查决定是基于经营者提供的不完整或者不真实的信息作出的。

第三十四条 省级市场监管部门作出中止调查决定、终止调查决定或者行政处罚告知前，应当向市场监管总局报告。

省级市场监管部门向被调查经营者送达中止调查决定书、终止调查决定书或者行政处罚决定书后，应当在7个工作日内向市场监管总局备案。

第三十五条 反垄断执法机构作出行政处理决定后，依法向社会公布。其中，行政处罚信息应当依法通过国家企业信用信息公示系统向社会公示。

第三十六条 市场监管总局应当加强对省级市场监管部门查处滥用市场支配地位行为的指导和监督，统一执法标准。

省级市场监管部门应当严格按照市场监管总局相关规定查处滥用市场支配地位行为。

第三十七条 经营者滥用市场支配地位的，由反垄断执法机构责令停止违法行为，没收违法所得，并处上一年度销售额百分之一以上百分之十以下的罚款。

反垄断执法机构确定具体罚款数额时，应当考虑违法行为的性质、情节、程度、持续时间等因素。

经营者因行政机关和法律、法规授权的具有管理公共事务职能的组织滥用行政权力而滥用市场支配地位的，按照前款规定处理。经营者能够证明其从事的滥用市场支配地位行为是被动遵守行政命令所导致的，可以依法从轻或者减轻处罚。

第三十八条 本规定对滥用市场支配地位行为调查、处罚程序未做规定的，依照《市场监督管理行政处罚程序规定》执行，有关时限、立案、案件管辖的规定除外。

反垄断执法机构组织行政处罚听证的，依照《市场监督管理行政处罚听证办法》执行。

第三十九条 本规定自2019年9月1日起施行。2010年12月31日原国家工商行政管理总局令第54号公布的《工商行政管理机关禁止滥用市场支配地位行为规定》同时废止。

制止滥用行政权力排除、限制竞争行为暂行规定

（2019年6月26日国家市场监督管理总局令第12号公布　自2019年9月1日起施行）

第一条 为了预防和制止滥用行政权力排除、限制竞争行为，根据《中华人民共和国反垄断法》（以下简称反垄断法），制定本规定。

第二条 国家市场监督管理总局（以下简称市场监管总局）负责滥用行政权力排除、限制竞争行为的反垄断执法工作。

市场监管总局根据反垄断法第十条第二款规定，授权各省、自治区、直辖市人民政府市场监督管理部门（以下统称省级市场监管部门）负责本行政区域内滥用行政权力排除、限制竞争行为的反垄断执法工作。

本规定所称反垄断执法机构包括市场监管总局和省级市场监管部门。

第三条 市场监管总局负责对下列滥用行政权力排除、限制竞争行为进行调查，提出依法处理的建议（以下简称查处）：

（一）在全国范围内有影响的；

（二）省级人民政府实施的；

（三）案情较为复杂或者市场监管总局认为有必要直接查处的。

前款所列的滥用行政权力排除、限制竞争行为，市场监管总局可以指定省级市场监管部门查处。

省级市场监管部门查处滥用行政权力排除、限制竞争行为时，发现不属于本部门查处范围，或者虽属于本部门查处范围，但有必要由市场监管总局查处的，应当及时向市场监管总局报告。

第四条 行政机关和法律、法规授权的具有管理公共事务职能的组织不得滥用行政权力，实施下列行为，限定或者变相限定单位或者个人经营、购买、使用其指定的经营者提供的商品和服务（以下统称商品）：

（一）以明确要求、暗示、拒绝或者拖延行政审批、重复检查、不予接入平台或者网络等方式，限定或者变相限定经营、购买、使用特定经营者提供的商品；

（二）通过限制投标人所在地、所有制形式、组织形式等方式，限定或者变相限定经营、购买、使用特定投标人提供的商品；

（三）没有法律、法规依据，通过设置项目库、名录库等方式，限定或者变相限定经营、购买、使用特定经营者提供的商品；

（四）限定或者变相限定单位或者个人经营、购买、使用其指定的经营者提供的商品的其他行为。

第五条 行政机关和法律、法规授权的具有管理公共事务职能的组织不得滥用行政权力，实施下列行为，妨碍商品在地区之间的自由流通：

（一）对外地商品设定歧视性收费项目、实行歧视性收费标准，或者规定歧视性价格、实行歧视性补贴政策；

（二）对外地商品规定与本地同类商品不同的技术要求、检验标准，或者对外地商品采取重复检验、重复认证等措施，阻碍、限制外地商品进入本地市场；

（三）没有法律、法规依据，采取专门针对外地商品的行政许可、备案，或者对外地商品实施行政许可、备案时，设定不同的许可或者备案条件、程序、期限等，阻碍、限制外地商品进入本地市场；

（四）没有法律、法规依据，设置关卡、通过软件或者互联网设置屏蔽等手段，阻碍、限制外地商品进入本地市场或者本地商品运往外地市场；

（五）妨碍商品在地区之间自由流通的其他行为。

第六条 行政机关和法律、法规授权的具有管理公共事务职能的组织不得滥用行政权力，实施下列行为，排斥或者限制外地经营者参加本地的招标投标活动：

（一）不依法发布信息；

（二）明确外地经营者不能参与本地特定的招标投标活动；

（三）对外地经营者设定歧视性的资质要求或者评审标准；

（四）通过设定与招标项目的具体特点和实际需要不相适应或者与合同履行无关的资格、技术和商务条件，变相限制外地经营者参加本地招标投标活动；

（五）排斥或者限制外地经营者参加本地招标投标活动的其他行为。

第七条 行政机关和法律、法规授权的具有管理公共事务职能的组织不得滥用行政权力，实施下列行为，排斥或者限制外地经营者在本地投资或者设立分支机构：

（一）拒绝外地经营者在本地投资或者设立分支机构；

（二）没有法律、法规依据，对外地经营者在本地投资的规模、方式以及设立分支机构的地址、商业模式等进行限制；

（三）对外地经营者在本地的投资或者设立的分支机构在投资、

经营规模、经营方式、税费缴纳等方面规定与本地经营者不同的要求，在安全生产、节能环保、质量标准等方面实行歧视性待遇；

（四）排斥或者限制外地经营者在本地投资或者设立分支机构的其他行为。

第八条 行政机关和法律、法规授权的具有管理公共事务职能的组织不得滥用行政权力，强制或者变相强制经营者从事反垄断法规定的垄断行为。

第九条 行政机关不得滥用行政权力，以规定、办法、决定、公告、通知、意见、会议纪要等形式，制定、发布含有排除、限制竞争内容的市场准入、产业发展、招商引资、招标投标、政府采购、经营行为规范、资质标准等涉及市场主体经济活动的规章、规范性文件和其他政策措施。

第十条 反垄断执法机构依据职权，或者通过举报、上级机关交办、其他机关移送、下级机关报告等途径，发现涉嫌滥用行政权力排除、限制竞争行为。

第十一条 对涉嫌滥用行政权力排除、限制竞争行为，任何单位和个人有权向反垄断执法机构举报。反垄断执法机构应当为举报人保密。

第十二条 举报采用书面形式并提供相关事实和证据的，反垄断执法机构应当进行必要的调查。书面举报一般包括下列内容：

（一）举报人的基本情况；

（二）被举报人的基本情况；

（三）涉嫌滥用行政权力排除、限制竞争行为的相关事实和证据；

（四）是否就同一事实已向其他行政机关举报或者向人民法院提起诉讼。

第十三条 反垄断执法机构负责所管辖案件的受理。省级以下市场监管部门收到举报材料或者发现案件线索的，应当在7个工作日内将相关材料报送省级市场监管部门。

对于被举报人信息不完整、相关事实不清晰的举报，受理机关可以通知举报人及时补正。

第十四条 反垄断执法机构经过对涉嫌滥用行政权力排除、限制竞争行为的必要调查，决定是否立案。

当事人在上述调查期间已经采取措施停止相关行为，消除相关后果的，可以不予立案。

省级市场监管部门应当自立案之日起7个工作日内向市场监管总局备案。

第十五条 立案后，反垄断执法机构应当及时进行调查，依法向有关单位和个人了解情况，收集、调取证据。

第十六条 市场监管总局在查处涉嫌滥用行政权力排除、限制竞争行为时，可以委托省级市场监管部门进行调查。

省级市场监管部门在查处涉嫌滥用行政权力排除、限制竞争行为时，可以委托下级市场监管部门进行调查。

受委托的市场监管部门在委托范围内，以委托机关的名义进行调查，不得再委托其他行政机关、组织或者个人进行调查。

第十七条 省级市场监管部门查处涉嫌滥用行政权力排除、限制竞争行为时，可以根据需要商请相关省级市场监管部门协助调查，相关省级市场监管部门应当予以协助。

第十八条 被调查单位和个人有权陈述意见。

反垄断执法机构应当对被调查单位和个人提出的事实、理由和证据进行核实。

第十九条 经调查，反垄断执法机构认为构成滥用行政权力排除、限制竞争行为的，可以向有关上级机关提出依法处理的建议。

在调查期间，当事人主动采取措施停止相关行为，消除相关后果的，反垄断执法机构可以结束调查。

经调查，反垄断执法机构认为不构成滥用行政权力排除、限制竞争行为的，应当结束调查。

第二十条 反垄断执法机构向有关上级机关提出依法处理建议的，应当制作行政建议书。行政建议书应当载明以下事项：

（一）主送单位名称；

（二）被调查单位名称；

（三）违法事实；

（四）被调查单位的陈述意见及采纳情况；

（五）处理建议及依据；

（六）反垄断执法机构名称、公章及日期。

前款第五项规定的处理建议应当具体、明确，可以包括停止实施有关行为、废止有关文件并向社会公开、修改文件的有关内容并向社会公开文件的修改情况等。

第二十一条 省级市场监管部门在提出依法处理的建议或者结束调查前，应当向市场监管总局报告。提出依法处理的建议后7个工作日内，向市场监管总局备案。

反垄断执法机构认为构成滥用行政权力排除、限制竞争行为的，依法向社会公布。

第二十二条 市场监管总局应当加强对省级市场监管部门查处滥用行政权力排除、限制竞争行为的指导和监督，统一执法标准。

省级市场监管部门应当严格按照市场监管总局相关规定查处滥用行政权力排除、限制竞争行为。

第二十三条 对反垄断执法机构依法实施的调查，当事人拒绝提供有关材料、信息，或者提供虚假材料、信息，或者隐匿、销毁、转移证据，或者有其他拒绝、阻碍调查行为的，反垄断执法机构可以向其上级机关、监察机关等反映情况。

第二十四条 反垄断执法机构工作人员滥用职权、玩忽职守、徇私舞弊或者泄露执法过程中知悉的国家秘密和商业秘密的，依照有关规定处理。

第二十五条 本规定自2019年9月1日起施行。2009年5月26

日原国家工商行政管理总局令第 41 号公布的《工商行政管理机关制止滥用行政权力排除、限制竞争行为程序规定》、2010 年 12 月 31 日原国家工商行政管理总局令第 55 号公布的《工商行政管理机关制止滥用行政权力排除、限制竞争行为的规定》同时废止。

三 经营者集中

经营者集中审查暂行规定

（2020 年 10 月 23 日国家市场监督管理总局令第 30 号公布　根据 2022 年 3 月 24 日《国家市场监督管理总局关于修改和废止有关规章的决定》修改）

第一章　总　　则

第一条　为规范经营者集中反垄断审查工作，根据《中华人民共和国反垄断法》（以下简称反垄断法）和《国务院关于经营者集中申报标准的规定》，制定本规定。

第二条　国家市场监督管理总局（以下简称市场监管总局）负责经营者集中反垄断审查工作，并对违法实施的经营者集中进行调查处理。

市场监管总局根据工作需要，可以委托省、自治区、直辖市市场监管部门实施经营者集中审查。

第三条　本规定所称经营者集中，是指反垄断法第二十条所规定的下列情形：

（一）经营者合并；

（二）经营者通过取得股权或者资产的方式取得对其他经营者的控制权；

（三）经营者通过合同等方式取得对其他经营者的控制权或者能够对其他经营者施加决定性影响。

第四条 判断经营者是否通过交易取得对其他经营者的控制权或者能够对其他经营者施加决定性影响，应当考虑下列因素：

（一）交易的目的和未来的计划；

（二）交易前后其他经营者的股权结构及其变化；

（三）其他经营者股东大会的表决事项及其表决机制，以及其历史出席率和表决情况；

（四）其他经营者董事会或者监事会的组成及其表决机制；

（五）其他经营者高级管理人员的任免等；

（六）其他经营者股东、董事之间的关系，是否存在委托行使投票权、一致行动人等；

（七）该经营者与其他经营者是否存在重大商业关系、合作协议等；

（八）其他应当考虑的因素。

第五条 市场监管总局开展经营者集中反垄断审查工作时，应当平等对待所有经营者。

第二章 经营者集中申报

第六条 经营者集中达到国务院规定的申报标准（以下简称申报标准）的，经营者应当事先向市场监管总局申报，未申报的不得实施集中。

经营者集中未达到申报标准，但按照规定程序收集的事实和证据表明该经营者集中具有或者可能具有排除、限制竞争效果的，市场监管总局应当依法进行调查。

第七条 营业额包括相关经营者上一会计年度内销售产品和提供服务所获得的收入，扣除相关税金及附加。

第八条 参与集中的经营者的营业额，应当为该经营者以及申报时与该经营者存在直接或者间接控制关系的所有经营者的营业额总和，但是不包括上述经营者之间的营业额。

经营者取得其他经营者的组成部分时，出让方不再对该组成部分拥有控制权或者不能施加决定性影响的，目标经营者的营业额仅包括该组成部分的营业额。

参与集中的经营者之间或者参与集中的经营者和未参与集中的经营者之间有共同控制的其他经营者时，参与集中的经营者的营业额应当包括被共同控制的经营者与第三方经营者之间的营业额，且此营业额只计算一次。

金融业经营者营业额的计算，按照金融业经营者集中申报营业额计算相关规定执行。

第九条 相同经营者之间在两年内多次实施的未达到申报标准的经营者集中，应当视为一次集中，集中时间从最后一次交易算起，参与集中的经营者的营业额应当将多次交易合并计算。经营者通过与其有控制关系的其他经营者实施上述行为，依照本规定处理。

前款所称两年内是指从第一次交易完成之日起至最后一次交易签订协议之日止的期间。

第十条 市场监管总局加强对经营者集中申报的指导。在正式申报前，经营者可以以书面方式就集中申报事宜向市场监管总局提出商谈的具体问题。

第十一条 通过合并方式实施的经营者集中，合并各方均为申报义务人；其他情形的经营者集中，取得控制权或者能够施加决定性影响的经营者为申报义务人，其他经营者予以配合。

同一项经营者集中有多个申报义务人的，可以委托一个申报义务人申报。被委托的申报义务人未申报的，其他申报义务人不能免除申报义务。申报义务人未申报的，其他参与集中的经营者可以提出申报。

申报人可以自行申报，也可以依法委托他人代理申报。

第十二条 申报文件、资料应当包括如下内容：

（一）申报书。申报书应当载明参与集中的经营者的名称、住所、经营范围、预定实施集中的日期，并附申报人身份证件或者注册登记文件，境外申报人还须提交当地公证机关的公证文件和相关的认证文件。委托代理人申报的，应当提交授权委托书。

（二）集中对相关市场竞争状况影响的说明。包括集中交易概况；相关市场界定；参与集中的经营者在相关市场的市场份额及其对市场的控制力；主要竞争者及其市场份额；市场集中度；市场进入；行业发展现状；集中对市场竞争结构、行业发展、技术进步、国民经济发展、消费者以及其他经营者的影响；集中对相关市场竞争影响的效果评估及依据。

（三）集中协议。包括各种形式的集中协议文件，如协议书、合同以及相应的补充文件等。

（四）参与集中的经营者经会计师事务所审计的上一会计年度财务会计报告。

（五）市场监管总局要求提交的其他文件、资料。

申报人应当对申报文件、资料的真实性负责。

第十三条 申报人应当对申报文件、资料中的商业秘密、未披露信息或者保密商务信息进行标注，并且同时提交申报文件、资料的公开版本和保密版本。申报文件、资料应当使用中文。

第十四条 市场监管总局应当对申报人提交的文件、资料进行核查，发现申报文件、资料不完备的，可以要求申报人在规定期限内补交。申报人逾期未补交的，视为未申报。

第十五条 市场监管总局经核查认为申报文件、资料符合法定要求的，应当自收到完备的申报文件、资料之日予以立案并书面通知申报人。

第十六条 经营者集中未达到申报标准，参与集中的经营者自愿提出经营者集中申报，市场监管总局收到申报文件、资料后经审查认为有必要立案的，应当按照反垄断法予以立案审查并作出决定。

第十七条 符合下列情形之一的，经营者可以作为简易案件申报，市场监管总局按照简易案件程序进行审查：

（一）在同一相关市场，参与集中的经营者所占的市场份额之和小于百分之十五；在上下游市场，参与集中的经营者所占的市场份额均小于百分之二十五；不在同一相关市场也不存在上下游关系的参与集中的经营者，在与交易有关的每个市场所占的市场份额均小于百分之二十五；

（二）参与集中的经营者在中国境外设立合营企业，合营企业不在中国境内从事经济活动的；

（三）参与集中的经营者收购境外企业股权或者资产，该境外企业不在中国境内从事经济活动的；

（四）由两个以上经营者共同控制的合营企业，通过集中被其中一个或者一个以上经营者控制的。

第十八条 符合本规定第十七条但存在下列情形之一的经营者集中，不视为简易案件：

（一）由两个以上经营者共同控制的合营企业，通过集中被其中的一个经营者控制，该经营者与合营企业属于同一相关市场的竞争者，且市场份额之和大于百分之十五的；

（二）经营者集中涉及的相关市场难以界定的；

（三）经营者集中对市场进入、技术进步可能产生不利影响的；

（四）经营者集中对消费者和其他有关经营者可能产生不利影响的；

（五）经营者集中对国民经济发展可能产生不利影响的；

（六）市场监管总局认为可能对市场竞争产生不利影响的其他情形。

第三章 经营者集中审查

第十九条 市场监管总局应当自立案之日起三十日内，对申报的经营者集中进行初步审查，作出是否实施进一步审查的决定，并书面通知经营者。

市场监管总局决定实施进一步审查的，应当自决定之日起九十日内审查完毕，作出是否禁止经营者集中的决定，并书面通知经营者。符合反垄断法第二十六条第二款规定情形的，市场监管总局可以延长本款规定的审查期限，最长不得超过六十日。

第二十条 在市场监管总局作出审查决定之前，申报人要求撤回经营者集中申报的，应当提交书面申请并说明理由。经市场监管总局同意，申报人可以撤回申报。

集中交易情况或者相关市场竞争状况发生重大变化，需要重新申报的，申报人应当申请撤回。

撤回经营者集中申报的，审查程序终止。市场监管总局同意撤回申报不视为对集中的批准。

第二十一条 在审查过程中，市场监管总局可以根据审查需要，要求申报人在规定时限内补充提供相关文件、资料。

申报人可以主动提供有助于对经营者集中进行审查和作出决定的有关文件、资料。

第二十二条 在审查过程中，参与集中的经营者可以通过信函、传真、电子邮件等方式向市场监管总局就有关申报事项进行书面陈述，市场监管总局应当听取当事人的陈述。

第二十三条 在审查过程中，市场监管总局可以根据审查需要，征求有关政府部门、行业协会、经营者、消费者等单位或者个人的意见。

第二十四条 审查经营者集中，应当考虑下列因素：

（一）参与集中的经营者在相关市场的市场份额及其对市场的控制力；

（二）相关市场的市场集中度；

（三）经营者集中对市场进入、技术进步的影响；

（四）经营者集中对消费者和其他有关经营者的影响；

（五）经营者集中对国民经济发展的影响；

（六）应当考虑的影响市场竞争的其他因素。

第二十五条 评估经营者集中的竞争影响，可以考察相关经营者单独或者共同排除、限制竞争的能力、动机及可能性。

集中涉及上下游市场或者关联市场的，可以考察相关经营者利用在一个或者多个市场的控制力，排除、限制其他市场竞争的能力、动机及可能性。

第二十六条 评估参与集中的经营者对市场的控制力，可以考虑参与集中的经营者在相关市场的市场份额、产品或者服务的替代程度、控制销售市场或者原材料采购市场的能力、财力和技术条件，以及相关市场的市场结构、其他经营者的生产能力、下游客户购买能力和转换供应商的能力、潜在竞争者进入的抵消效果等因素。

评估相关市场的市场集中度，可以考虑相关市场的经营者数量及市场份额等因素。

第二十七条 评估经营者集中对市场进入的影响，可以考虑经营者通过控制生产要素、销售和采购渠道、关键技术、关键设施等方式影响市场进入的情况，并考虑进入的可能性、及时性和充分性。

评估经营者集中对技术进步的影响，可以考虑经营者集中对技术创新动力、技术研发投入和利用、技术资源整合等方面的影响。

第二十八条 评估经营者集中对消费者的影响，可以考虑经营者集中对产品或者服务的数量、价格、质量、多样化等方面的影响。

评估经营者集中对其他有关经营者的影响，可以考虑经营者集中对同一相关市场、上下游市场或者关联市场经营者的市场进入、交易机会等竞争条件的影响。

第二十九条 评估经营者集中对国民经济发展的影响，可以考虑经营者集中对经济效率、经营规模及其对相关行业发展等方面的影响。

第三十条 评估经营者集中的竞争影响，还可以综合考虑集中对公共利益的影响、参与集中的经营者是否为濒临破产的企业等因素。

第三十一条 市场监管总局认为经营者集中具有或者可能具有排除、限制竞争效果的，应当告知申报人，并设定一个允许参与集中的经营者提交书面意见的合理期限。

参与集中的经营者的书面意见应当包括相关事实和理由，并提供相应证据。参与集中的经营者逾期未提交书面意见的，视为无异议。

第三十二条 为减少集中具有或者可能具有的排除、限制竞争的效果，参与集中的经营者可以向市场监管总局提出附加限制性条件承诺方案。

市场监管总局应当对承诺方案的有效性、可行性和及时性进行评估，并及时将评估结果通知申报人。

市场监管总局认为承诺方案不足以减少集中对竞争的不利影响的，可以与参与集中的经营者就限制性条件进行磋商，要求其在合理期限内提出其他承诺方案。

第三十三条 根据经营者集中交易具体情况，限制性条件可以包括如下种类：

（一）剥离有形资产、知识产权等无形资产或者相关权益（以下简称剥离业务）等结构性条件；

（二）开放其网络或者平台等基础设施、许可关键技术（包括专利、专有技术或者其他知识产权）、终止排他性协议等行为性条件；

（三）结构性条件和行为性条件相结合的综合性条件。

剥离业务一般应当具有在相关市场开展有效竞争所需要的所有要素，包括有形资产、无形资产、股权、关键人员以及客户协议或者供应协议等权益。剥离对象可以是参与集中经营者的子公司、分支机构或者业务部门。

第三十四条 承诺方案存在不能实施的风险的，参与集中的经营者可以提出备选方案。备选方案应当在首选方案无法实施后生效，并且比首选方案的条件更为严格。

承诺方案为剥离，但存在下列情形之一的，参与集中的经营者可以在承诺方案中提出特定买方和剥离时间建议：

（一）剥离存在较大困难；

（二）剥离前维持剥离业务的竞争性和可销售性存在较大风险；

（三）买方身份对剥离业务能否恢复市场竞争具有重要影响；

（四）市场监管总局认为有必要的其他情形。

第三十五条 对于具有或者可能具有排除、限制竞争效果的经营者集中，参与集中的经营者提出的附加限制性条件承诺方案能够有效减少集中对竞争产生的不利影响的，市场监管总局可以作出附加限制性条件批准决定。参与集中的经营者未能在规定期限内提出附加限制性条件承诺方案，或者所提出的承诺方案不能有效减少集中对竞争产生的不利影响的，市场监管总局应当作出禁止经营者集中的决定。

第四章 限制性条件的监督和实施

第三十六条 对于附加限制性条件批准的经营者集中，义务人应当严格履行审查决定规定的义务，并按规定向市场监管总局报告限制性条件履行情况。

市场监管总局可以自行或者通过受托人对义务人履行限制性条件的行为进行监督检查。通过受托人监督检查的，市场监管总局应当在审查决定中予以明确。受托人包括监督受托人和剥离受托人。

义务人，是指附加限制性条件批准经营者集中的审查决定中要求履行相关义务的经营者。

监督受托人，是指受义务人委托并经市场监管总局评估确定，负责对义务人实施限制性条件进行监督并向市场监管总局报告的自然人、法人或者其他组织。

剥离受托人，是指受义务人委托并经市场监管总局评估确定，在受托剥离阶段负责出售剥离业务并向市场监管总局报告的自然人、法人或者其他组织。

第三十七条 通过受托人监督检查的，义务人应当在市场监管总局作出审查决定之日起十五日内向市场监管总局提交监督受托人人选。限制性条件为剥离的，义务人应当在进入受托剥离阶段三十日前向市场监管总局提交剥离受托人人选。受托人应当符合下列要求：

（一）独立于义务人和剥离业务的买方；

（二）具有履行受托人职责的专业团队，团队成员应当具有对限制性条件进行监督所需的专业知识、技能及相关经验；

（三）能够提出可行的工作方案；

（四）过去五年未在担任受托人过程中受到处罚；

（五）市场监管总局提出的其他要求。

市场监管总局评估确定受托人后，义务人应当与受托人签订书面协议，明确各自权利和义务，并报市场监管总局同意。受托人应当勤勉、尽职地履行职责。义务人支付受托人报酬，并为受托人提供必要的支持和便利。

第三十八条 附加限制性条件为剥离的，剥离义务人应当在审查决定规定的期限内，自行找到合适的剥离业务买方、签订出售协议，并报经市场监管总局批准后完成剥离。剥离义务人未能在规定期限内完成剥离的，市场监管总局可以要求义务人委托剥离受托人在规定的期限内寻找合适的剥离业务买方。剥离业务买方应当符合下列要求：

（一）独立于参与集中的经营者；

（二）拥有必要的资源、能力并有意愿使用剥离业务参与市场竞争；

（三）取得其他监管机构的批准；

（四）不得向参与集中的经营者融资购买剥离业务；

（五）市场监管总局根据具体案件情况提出的其他要求。

买方已有或者能够从其他途径获得剥离业务中的部分资产或者权益时，可以向市场监管总局申请对剥离业务的范围进行必要调整。

第三十九条 义务人提交市场监管总局审查的监督受托人、剥离受托人、剥离业务买方人选原则上各不少于三家。在特殊情况下，经市场监管总局同意，上述人选可少于三家。

市场监管总局应当对义务人提交的受托人及委托协议、剥离业务买方人选及出售协议进行审查，以确保其符合审查决定要求。

限制性条件为剥离的，市场监管总局上述审查所用时间不计入剥离期限。

第四十条 审查决定未规定自行剥离期限的，剥离义务人应当在审查决定作出之日起六个月内找到适当的买方并签订出售协议。经剥离义务人申请并说明理由，市场监管总局可以酌情延长自行剥离期限，但延期最长不得超过三个月。

审查决定未规定受托剥离期限的，剥离受托人应当在受托剥离开始之日起六个月内找到适当的买方并签订出售协议。

第四十一条 剥离义务人应当在市场监管总局审查批准买方和出售协议后，与买方签订出售协议，并自签订之日起三个月内将剥离业务转移给买方，完成所有权转移等相关法律程序。经剥离义务人申请并说明理由，市场监管总局可以酌情延长业务转移的期限。

第四十二条 经市场监管总局批准的买方购买剥离业务达到申报标准的，取得控制权的经营者应当将其作为一项新的经营者集中向市场监管总局申报。市场监管总局作出审查决定之前，剥离义务人不得将剥离业务出售给买方。

第四十三条 在剥离完成之前，为确保剥离业务的存续性、竞争性和可销售性，剥离义务人应当履行下列义务：

（一）保持剥离业务与其保留的业务之间相互独立，并采取一切必要措施以最符合剥离业务发展的方式进行管理；

（二）不得实施任何可能对剥离业务有不利影响的行为，包括聘用被剥离业务的关键员工，获得剥离业务的商业秘密或者其他保密信息等；

（三）指定专门的管理人，负责管理剥离业务。管理人在监督受托人的监督下履行职责，其任命和更换应当得到监督受托人的同意；

（四）确保潜在买方能够以公平合理的方式获得有关剥离业务的充分信息，评估剥离业务的商业价值和发展潜力；

（五）根据买方的要求向其提供必要的支持和便利，确保剥离业务的顺利交接和稳定经营；

（六）向买方及时移交剥离业务并履行相关法律程序。

第四十四条 监督受托人应当在市场监管总局的监督下履行下列职责：

（一）监督义务人履行本规定、审查决定及相关协议规定的义务；

（二）对剥离义务人推荐的买方人选、拟签订的出售协议进行评估，并向市场监管总局提交评估报告；

（三）监督剥离业务出售协议的执行，并定期向市场监管总局提交监督报告；

（四）协调剥离义务人与潜在买方就剥离事项产生的争议；

（五）按照市场监管总局的要求提交其他与义务人履行限制性条件有关的报告。

未经市场监管总局同意，监督受托人不得披露其在履行职责过程中向市场监管总局提交的各种报告及相关信息。

第四十五条 在受托剥离阶段，剥离受托人负责为剥离业务找到买方并达成出售协议。

剥离受托人有权以无底价方式出售剥离业务。

第四十六条 审查决定应当规定附加限制性条件的期限。

根据审查决定，限制性条件到期自动解除的，经市场监管总局核查，义务人未违反审查决定的，限制性条件自动解除。义务人存在违反审查决定情形的，市场监管总局可以适当延长附加限制性条件的期限，并及时向社会公布。

根据审查决定，限制性条件到期后义务人需要申请解除的，义务人应当提交书面申请并说明理由。市场监管总局评估后决定解除限制性条件的，应当及时向社会公布。

限制性条件为剥离，经市场监管总局核查，义务人履行完成所有义务的，限制性条件自动解除。

第四十七条 审查决定生效期间，市场监管总局可以主动或者应义务人申请对限制性条件进行重新审查，变更或者解除限制性条件。市场监管总局决定变更或者解除限制性条件的，应当及时向社会公布。

市场监管总局变更或者解除限制性条件时，应当考虑下列因素：

（一）集中交易方是否发生重大变化；

（二）相关市场竞争状况是否发生实质性变化；

（三）实施限制性条件是否无必要或者不可能；

（四）应当考虑的其他因素。

第五章 对违法实施经营者集中的调查

第四十八条 经营者集中达到申报标准，经营者未申报实施集中、申报后未经批准实施集中或者违反审查决定的，依照本章规定进行调查。

第四十九条 对涉嫌违法实施经营者集中，任何单位和个人有权向市场监管总局举报。市场监管总局应当为举报人保密。

举报采用书面形式，并提供举报人和被举报人基本情况、涉嫌违法实施经营者集中的相关事实和证据等内容的，市场监管总局应当进行必要的核查。

第五十条 对有初步事实和证据表明存在违法实施经营者集中

嫌疑的，市场监管总局应当予以立案，并书面通知被调查的经营者。

第五十一条 被调查的经营者应当在立案通知送达之日起三十日内，向市场监管总局提交是否属于经营者集中、是否达到申报标准、是否申报、是否违法实施等有关的文件、资料。

第五十二条 市场监管总局应当自收到被调查的经营者依照本规定第五十一条提交的文件、资料之日起三十日内，对被调查的交易是否属于违法实施经营者集中完成初步调查。

属于违法实施经营者集中的，市场监管总局应当作出实施进一步调查的决定，并书面通知被调查的经营者。经营者应当停止违法行为。

不属于违法实施经营者集中的，市场监管总局应当作出不实施进一步调查的决定，并书面通知被调查的经营者。

第五十三条 市场监管总局决定实施进一步调查的，被调查的经营者应当自收到市场监管总局书面通知之日起三十日内，依照本规定关于经营者集中申报文件、资料的规定向市场监管总局提交相关文件、资料。

市场监管总局应当自收到被调查的经营者提交的符合前款规定的文件、资料之日起一百二十日内，完成进一步调查。

在进一步调查阶段，市场监管总局应当按照反垄断法及本规定，对被调查的交易是否具有或者可能具有排除、限制竞争效果进行评估。

第五十四条 在调查过程中，被调查的经营者、利害关系人有权陈述意见。市场监管总局应当对被调查的经营者、利害关系人提出的事实、理由和证据进行核实。

第五十五条 市场监管总局在作出行政处罚决定前，应当将作出行政处罚决定的事实、理由和依据告知被调查的经营者。

被调查的经营者应当在市场监管总局规定的期限内提交书面意见。书面意见应当包括相关事实和证据。

第五十六条 市场监管总局对违法实施经营者集中应当依法作出处理决定，并可以向社会公布。

第六章 法律责任

第五十七条 经营者违反反垄断法规定实施集中的，依照反垄断法第四十八条规定予以处罚。

第五十八条 申报人隐瞒有关情况或者提供虚假材料的，市场监管总局对经营者集中申报不予立案或者撤销立案，并可以依照反垄断法第五十二条规定予以处罚。

第五十九条 受托人未按要求履行职责的，由市场监管总局责令改正；情节严重的，可以要求义务人更换受托人，并对受托人处三万元以下的罚款。

第六十条 剥离业务的买方未按规定履行义务，影响限制性条件实施的，由市场监管总局责令改正，并可以处三万元以下的罚款。

第七章 附则

第六十一条 市场监管总局以及其他单位和个人对于知悉的商业秘密、未披露信息或者保密商务信息承担保密义务，但根据法律法规规定应当披露的或者事先取得权利人同意的除外。

第六十二条 对未达到申报标准但是具有或者可能具有排除、限制竞争效果的经营者集中，市场监管总局可以依照本规定收集事实和证据，并进行调查。

第六十三条 在审查或者调查过程中，市场监管总局可以组织听证。听证程序依照《市场监督管理行政许可程序暂行规定》《市场监督管理行政处罚听证办法》执行。

第六十四条 对于需要送达经营者的书面文件，送达方式参照《市场监督管理行政处罚程序规定》执行。

第六十五条 本规定自2020年12月1日起施行。

经营者集中反垄断审查办事指南

（2018 年 9 月 29 日修订）

行政事项名称：经营者集中反垄断审查

行政事项类别：行政许可

法律依据：《中华人民共和国反垄断法》

《国务院关于经营者集中申报标准的规定》

《经营者集中申报办法》

《经营者集中审查办法》

《金融业经营者集中申报营业额计算办法》

申报文件、资料：

一、申报书；

二、集中对相关市场竞争状况影响的说明；

三、集中协议及相关文件；

四、参与集中的经营者经会计师事务所审计的上一会计年度财务会计报告；

五、国家市场监督管理总局（反垄断局）要求提交的其他文件、资料。

申报人应同时提交申报文件、资料的公开版本和保密版本各一套，并提交内容相同的电子光盘各一套。

许可程序：

一、申报人依照有关规定或通知将申报文件、资料交给反垄断局，反垄断局向申报人出具《国家市场监督管理总局经营者集中材料接收单》。反垄断局核查申报文件、资料是否完备，如不完备，由反垄断局书面通知申报人补充材料。

二、申报人提交的文件、资料不完备的，由反垄断局书面通知申报人在规定的期限内补交文件、资料。申报人逾期未补交文件、资料的，视为未申报。

三、对符合法律法规规定，申报文件、资料完备的申报，由反垄断局书面通知申报人立案。

四、自立案之日起三十日内完成初步审查，做出是否实施进一步审查的决定，由反垄断局书面通知申报人。

五、对需要实施进一步审查的，自决定之日起九十日内完成审查，做出是否禁止经营者集中的决定，由反垄断局书面通知申报人。

六、有下列情形之一的，由反垄断局书面通知申报人延长进一步审查的期限，时间最长不超过六十日：

（一）经营者同意延长审查期限的；

（二）经营者提交的文件、资料不准确，需要进一步核实的；

（三）经营者申报后有关情况发生重大变化的。

七、经营者集中反垄断审查工作结束，由反垄断局将审查决定书面通知申报人。禁止经营者集中的决定或者对经营者集中附加限制性条件的决定向社会公布。

主办单位及办公电话：反垄断局　88650571

关于经营者集中申报的指导意见

（2018 年 9 月 29 日修订）

依据《中华人民共和国反垄断法》（以下简称《反垄断法》）、《国务院关于经营者集中申报标准的规定》（以下简称《规定》）和《经营者集中申报办法》（以下简称《办法》）等相关法律法规，达到申报标准的经营者集中，经营者应当事先向国家市场监督管理总局申报，未申报的不得实施集中。为方便经营者申报，国家市场监督管理总局制订了相关指导意见，供经营者参考。

第一条　本指导意见所称经营者集中，是指《反垄断法》第 20 条所规定的下列情形：

（一）经营者合并；

（二）经营者通过取得股权或者资产的方式取得对其他经营者的控制权；

（三）经营者通过合同等方式取得对其他经营者的控制权或者能够对其他经营者施加决定性影响。

第二条　本指导意见所称申报标准，是指《规定》第三条所规定的下列标准：

（一）参与集中的所有经营者上一会计年度在全球范围内的营业额合计超过 100 亿元人民币，并且其中至少两个经营者上一会计年度在中国境内的营业额均超过 4 亿元人民币；

（二）参与集中的所有经营者上一会计年度在中国境内的营业额合计超过 20 亿元人民币，并且其中至少两个经营者上一会计年度在中国境内的营业额均超过 4 亿元人民币。

第三条　经营者集中所指的控制权，包括单独控制权和共同控制权。

判断经营者是否通过交易取得对其他经营者的控制权或者能够对其他经营者施加决定性影响（控制权和决定性影响以下统称为“控制权”），取决于大量法律和事实因素。集中协议和其他经营者的章程是重要判断依据，但不是唯一的依据。虽然从集中协议和章程中无法判断取得控制权，但由于其他股权分散等原因，实际上赋予了该经营者事实上的控制权，也属于经营者集中所指的控制权取得。判断经营者是否通过交易取得其他经营者的控制权，通常考虑包括但不限于下列因素：

（一）交易的目的和未来的计划；

（二）交易前后其他经营者的股权结构及其变化；

（三）其他经营者股东大会的表决事项及其表决机制，以及其历史出席率和表决情况；

（四）其他经营者董事会或监事会的组成及其表决机制；

（五）其他经营者高级管理人员的任免等；

（六）其他经营者股东、董事之间的关系，是否存在委托行使投票权、一致行动人等；

（七）该经营者与其他经营者是否存在重大商业关系、合作协议等。

控制权取得，可由经营者直接取得，也可通过其已控制的经营者间接取得。

第四条 对于新设合营企业，如果至少有两个经营者共同控制该合营企业，则构成经营者集中；如果仅有一个经营者单独控制该合营企业，其他的经营者没有控制权，则不构成经营者集中。

第五条 营业额包括相关经营者上一会计年度内销售产品和提供服务所获得的收入，扣除相关税金及其附加。

本指导意见第二条所称“在中国境内”，是指经营者产品或服务的买方所在地在中国境内。包括经营者从中国之外的国家或地区向中国的出口，但不包括其从中国向中国之外的国家或地区出口的产品或服务。

本指导意见第二条所称“在全球范围内”，包括在中国境内的营业额。

金融业营业额的计算，按照《金融业经营者集中申报营业额计算办法》执行。

第六条 参与集中的单个经营者的营业额应当为下述经营者的营业额总和：

（一）该单个经营者；

（二）第（一）项所指经营者直接或间接控制的其他经营者；

（三）直接或间接控制第（一）项所指经营者的其他经营者；

（四）第（三）项所指经营者直接或间接控制的其他经营者；

（五）第（一）至（四）项所指经营者中两个或两个以上经营者共同控制的其他经营者。

参与集中的单个经营者的营业额不包括上述（一）至（五）项所列经营者之间发生的营业额，也不包括其在上一会计年度或之前已出售或不再具有控制权的经营者的营业额。

参与集中的单个经营者之间或者参与集中的经营者和未参与集中的经营者之间有共同控制的其他经营者，参与集中的单个经营者的营业额应当包括被共同控制的经营者与第三方经营者之间的营业额，且此营业额只计算一次。

如果参与集中的单个经营者之间有共同控制的其他经营者，则参与集中的所有经营者的合计营业额不应包括被共同控制的经营者与任何一个共同控制他的参与集中的经营者，或与后者有控制关系的经营者之间发生的营业额。

如果参与集中的经营者被两个或两个以上经营者共同控制，其营业额应包括所有控制方的营业额。

第七条 在一项经营者集中包括收购一个或多个经营者的一部分时，如果卖方在交易后对被出售部分不再拥有控制权时，则对于卖方而言，只计算集中涉及部分的营业额。

上述规定主要包括两种情形：一是在出售资产的情况下，卖方对被出售的资产不再拥有控制权，则只计算该资产所产生的营业额；二是在出售目标公司全部或部分股权的情况下，卖方在交易完成后对目标公司不再拥有控制权，则只计算该目标公司的营业额。

第八条 相同经营者之间在两年内多次实施的未达申报标准的经营者集中，应当视为一次集中交易，集中发生时间从最后一次交易算起，该经营者集中的营业额应当将多次交易合并计算。经营者通过与其有控制关系的其他经营者实施的上述行为，依照本条款处理。

第九条 在反垄断局决定立案审查前，经营者可就已申报或拟申报的经营者集中，向反垄断局申请商谈。反垄断局将根据商谈申请方提供的信息，就其关心的问题提供指导意见。

商谈不是经营者集中申报的必经程序，经营者自行决定是否申请商谈。

第十条 商谈申请应当以书面方式，通过传真、邮寄等方式提交反垄断局。商谈申请须包括如下内容：

（一）交易概况、交易各方的基本信息等文件和资料；

（二）拟商谈问题；

（三）参与商谈人员的姓名、国籍、单位及职务；

（四）建议的商谈时间；

（五）联系人及其联系方式等。

第十一条 商谈涉及的交易应是真实和相对确定的，且拟商谈的问题应与拟申报或已申报集中直接有关。商谈的问题可以包括：

（一）交易是否需要申报。包括相关交易是否属于经营者集中，是否达到申报标准等；

（二）需要提交的申报文件资料。包括申报文件资料的信息种类、形式、内容和详略程度等；

（三）具体法律和事实问题。包括如何界定相关商品市场和相关地域市场、是否符合《关于经营者集中简易案件适用标准的暂行规定》等；

（四）就申报和审查程序提供指导。包括申报的时间、申报义务人、申报和审查的时限、简易案件申报程序、非简易案件申报程序、审查程序等；

（五）其他相关问题。例如交易是否存在未依法申报问题等。

第十二条 反垄断局收到商谈申请后，根据案件具体情况及拟商谈问题确定是否以及如何安排商谈。

对于商谈申请内容不完整的，反垄断局可以要求经营者提交补充资料。经营者应当在反垄断局规定的时间内补交。

第十三条 通过合并方式实施的经营者集中，由参与合并的各方经营者申报；其他方式的经营者集中，由取得控制权的经营者申报，其他经营者予以配合。

在同一案件中，有申报义务的经营者是两个或两个以上时，可以约定由其中一个经营者负责申报，也可以共同申报。约定一个经营者申报而没有申报的，其他有申报义务的经营者不因上述约定而减免其未依法申报法律责任。

申报义务人未进行集中申报的，其他参与集中的经营者可以提出申报。

第十四条 申报人应当在集中协议签署后，集中实施前向国家市场监督管理总局申报。

以公开要约方式收购上市公司的，已公告的要约收购报告书可视同为已签署的集中协议。

第十五条 申报人应在能够提交符合《反垄断法》第23条规定的申报文件、资料后提出申报。

申报人将申报文件、资料提交反垄断局，反垄断局向申报人出具《国家市场监督管理总局经营者集中材料接收单》。接收单仅表示已收到申报材料，并不表示反垄断局已立案审查。

第十六条 反垄断局应对申报人提交的文件、资料进行审核。

申报人提交的文件、资料不完备、不完整或不准确的，应当在反垄断局规定的时限内补充、修改、澄清和说明。

反垄断局审核后，认为申报文件、资料（包括补充的文件、资料）符合《反垄断法》第23条规定的，应当立案审查，并向申报人递送立案通知。

第十七条 申报人应当通过《经营者集中反垄断审查申报表》客户端申报软件，选择填报《经营者集中反垄断审查申报表》或《经营者集中简易案件反垄断审查申报表》编辑申报文件材料，该客户端申报软件可以在国家市场监督管理总局反垄断局网站下载。

第十八条 在申报后发生申报人知悉或应当知悉的重大变化，或发生应披露的新情况的，申报人应及时书面通知反垄断局。

对于申报后发生实质性变化的交易，申报人应将该交易作为一次新的集中重新申报。

第十九条 符合下列情形之一的，申报人可以书面申请撤回申报：

（一）交易不属于经营者集中的；

（二）集中未达到申报标准的；

（三）集中符合本指导意见第二十五条规定的；

（四）集中发生实质性变化，需要重新申报的；

（五）集中各方放弃交易的。

对于符合上述情形的交易，反垄断局审核后应书面同意其撤回。

第二十条 申报的文件、资料应当包括如下内容：

（一）申报书。申报书应当载明参与集中的经营者的名称、住所、经营范围、预定实施集中的日期。申报人身份证明或注册登记证明，境外申报人须提交当地有关机构出具的公证和认证文件。委托代理人申报的，应当提交经申报人签字的授权委托书；

（二）集中对相关市场竞争状况影响的说明。包括：集中交易概况；集中的动机、目的和经济合理性分析；相关市场界定；参与集中的经营者在相关市场的市场份额及其对市场的控制力；主要竞争者及其市场份额；市场集中度；市场进入；行业发展现状；集中对市场竞争结构、行业发展、技术进步、国民经济发展、消费者以及其他经营者的影响等；

（三）集中协议。包括：各种形式的集中协议文件，如协议书、合同以及相应的补充文件等；

（四）参与集中的经营者经会计师事务所审计的上一会计年度财务会计报告；

（五）反垄断局要求提交的其他文件资料。

第二十一条 除本指导意见第二十条要求提供的文件、资料外，申报人可以自愿提供有助于反垄断局对该集中进行审查和做出决定的其他文件、资料，如地方政府和主管部门等有关方面的意见，支持集中协议的各类报告，包括集中交易的可行性研究报告、尽职调查报告、行业发展研究报告、集中策划报告以及交易后前景发展预测报告等。

第二十二条 申报人提交纸质申报文件、资料的同时，应当提交内容相同的光盘电子文档。纸质申报文件、资料应合理编辑装订，以附件形式提供的文件材料，应提供附件目录，并以易于查找的方式标明每一个附件的名称及位置。电子文档应合理组织以方便查阅。

第二十三条 申报人应当提交中文撰写的文件、资料。文件、资料的原件是外文书写的，应当提交中文翻译件和外文原件。文件、资料为副本、复印件或传真件的，应当根据反垄断局的要求出示原件供验证。

相关外文文件、资料较长的，申报人可以提交中文摘要和外文原件。反垄断局可以根据工作需要要求申报人补充提交全部文件的中文翻译件。

对于申报文件、资料中的外国公司等外文专有名词，须提交中文译名。

第二十四条 申报人应当同时提交申报文件、资料的书面保密版本和公开版本，以及包括上述全部内容的电子光盘各一套。申报人应当对申报文件、资料中的商业秘密和其他需要保密的信息进行标注。

第二十五条 经营者集中有下列情形之一的，可以不向国家市场监督管理总局申报：

（一）参与集中的一个经营者拥有其他每个经营者百分之五十以上有表决权的股份或者资产的；

（二）参与集中的每个经营者百分之五十以上有表决权的股份或

者资产被同一个未参与集中的经营者拥有的。

第二十六条 简易案件申报参考《关于经营者集中简易案件申报的指导意见（试行）》。

第二十七条 申报人故意隐瞒重要情况，拒绝提供相关材料、信息，或者提供虚假材料、信息的，反垄断局可以不予立案，已立案的可以撤销相关立案决定，并根据《反垄断法》第52条规定追究相关经营者或个人的法律责任。

第二十八条 经营者可以自行商谈、申报，也可以依法委托其他人代理。

经营者委托其他人代理的，应出具授权委托书。

第二十九条 经营者集中未达申报标准，经营者自愿申报的，反垄断局收到申报文件、资料后经审核认为有必要立案的，应当按照《反垄断法》的规定进行立案审查并作出决定。

在前款所述申报和立案审查期间，参与集中的经营者可以自行决定是否暂停实施其交易，并承担相应的后果。

第三十条 反垄断局对在办理经营者集中商谈和申报工作中知悉的商业秘密和其他需要保密的信息承担保密义务。

关于经营者集中简易案件申报的指导意见

（2018年9月29日修订）

为方便经营者申报，国家市场监督管理总局反垄断局依据《中华人民共和国反垄断法》和《关于经营者集中简易案件适用标准的暂行规定》（以下简称《规定》）等规定，制定本指导意见（试行），供经营者在申报经营者集中简易案件时参考。

第一条 在正式申报前，经营者可以就拟申报的交易是否符合简易案件标准等问题向反垄断局申请商谈。商谈申请应以书面方式，通过传真、邮寄或专人递送等方式提交。

商谈不是经营者集中简易案件申报的必经程序，经营者自行决定是否申请商谈。

第二条 对于符合简易案件标准的经营者集中，申报人可以申请作为简易案件申报；申报人未申请的，应作为非简易案件申报。

第三条 申报的文件、资料包括如下内容：

（一）申报书。申报书应当载明参与集中的经营者的名称、住所、经营范围、预定实施集中的日期。申报人身份证明或注册登记证明，境外申报人须提交当地有关机构出具的公证和认证文件。集中委托代理人申报的，应当提交经申报人签字的授权委托书。

（二）集中对相关市场竞争状况影响的说明。包括：集中交易概况；相关市场界定；参与集中的经营者在相关市场的市场份额；主要竞争者及其市场份额；集中对相关市场竞争状况影响的效果评估及依据等。

（三）集中协议。包括各种形式的集中协议文件，如协议书、合同以及相应的补充文件等。

（四）参与集中的经营者经会计师事务所审计的上一会计年度财务会计报告。

（五）反垄断局要求提交的其他文件资料。

第四条 申报人可以通过《经营者集中反垄断审查申报表》客户端申报软件，选择填报《经营者集中简易案件反垄断审查申报表》（见附件 1）编辑申报文件材料，该客户端申报软件可在国家市场监督管理总局反垄断局网站下载。

第五条 反垄断局收到申报文件、资料后，出具《国家市场监督管理总局经营者集中材料接收单》，但接收单不表明申报文件、资料符合《反垄断法》第 23 条规定。

第六条 申报人应同时提交申报文件资料的公开版本和保密版

本。申报人应对申报文件资料中的商业秘密进行标注。

第七条 经审核申报材料，符合简易案件标准的经营者集中，反垄断局按简易案件立案；不符合简易案件标准的经营者集中，申报人应按非简易案件重新申报。

申报人提交的文件、资料不齐备、不完整或不准确的，应在反垄断局规定的时限内补充、修改、澄清或说明。

第八条 申报人在申报时应填报《经营者集中简易案件公示表》（以下简称《公示表》，见附件2）。

简易案件立案后，反垄断局对申报人《公示表》在国家市场监督管理总局反垄断局网站（待总局三定方案明确后，由信息中心统一建设并确定网址）予以公示，公示期为10日。

第九条 在公示期内，任何单位和个人（第三方）均可对该案是否应被认定为简易案件向反垄断局提交书面意见。第三方认为公示案件不应被认定为简易案件的，应在公示期内向反垄断局提出异议，并提供相关证据和联系方法。

反垄断局应对第三方的意见和证据进行核实。对于没有提供联系方法，或提供虚假联系方法，致使无法核实意见和证据的，反垄断局不予采信。

反垄断局在审查时发现根据《规定》不应认定为简易案件的，应撤销简易案件认定，并要求申报人按非简易案件重新申报。

第十条 反垄断局在立案前拟退回简易案件申请，或立案后拟撤销简易案件认定时，应听取申报人的意见，并对其提出的事实、理由和证据进行核实。

第十一条 申报人隐瞒重要情况或者提供虚假材料、误导性信息的，反垄断局可以责令申报人按非简易案件重新申报，并依据《反垄断法》第52条规定追究相关经营者和个人的法律责任。

附件：1. 经营者集中简易案件反垄断审查申报表（略）

2. 经营者集中简易案件公示表

附件 2：

经营者集中简易案件公示表

案件名称		
交易概况 （限 200 字内）		
参与集中的 经营者简介	1.	
	2.	
	……	
简易案件理由 （可以单选， 也可以多选）	□1. 在同一相关市场，所有参与集中的经营者所占市场份额之和小于 15%。	
	□2. 存在上下游关系的参与集中的经营者，在上下游市场所占的市场份额均小于 25%。	
	□3. 不在同一相关市场、也不存在上下游关系的参与集中的经营者，在与交易有关的每个市场所占的份额均小于 25%。	
	□4. 参与集中的经营者在中国境外设立合营企业，合营企业不在中国境内从事经济活动。	
	□5. 参与集中的经营者收购境外企业股权或资产的，该境外企业不在中国境内从事经济活动。	
	□6. 由两个以上的经营者共同控制的合营企业，通过集中被其中一个或一个以上经营者控制。	
备注		

注解：

1. 申报方申请简易案件的理由是基于 1-3 项时，须在备注中说明界定的相关商品市场和相关地域市场（无须阐述界定理由），以及相关市场份额；市场份额可以区间形式提供，区间幅度不应超过5%。1-3项可以多选，也可单选；没有勾选的，视为本集中不涉及该类型交易。

2. 申报方申请简易案件的理由是基于第4项、第5项时，无须在备注中说明相关市场和市场份额。

3. 由两个或两个以上经营者共同控制的合营企业，通过集中被其中的一个经营者控制，如果该经营者与合营企业属于同一相关市场的竞争者，则申报方在申请简易案件时，须同时勾选第1项和第6项理由，并在备注中说明界定的相关商品市场和相关地域市场（无须阐述界定理由），以及相关市场份额。市场份额可以区间形式提供，区间幅度不应超过5%。

关于经营者集中申报文件资料的指导意见

（2018年9月29日修订）

为方便经营者申报，依据《中华人民共和国反垄断法》第23条，规定如下申报文件资料，供经营者申报参考。申报人可参照申报表格式（附后）制作申报文件材料。

第一条 申报书应当载明参与集中的经营者的名称、住所、经营范围、集中的性质、集中的背景、预定实施集中的日期、集中将影响的市场、集中的商业考虑、经济合理性以及集中所符合的申报标准。

申报书内容应简明，并由申报人或其委托代理人签字。申报书应附一份不包含商业秘密和国家秘密的摘要。

第二条 集中各方的基本情况，包括但不限于：企业名称、注册地、经营范围、企业形式、联系人（姓名、职务、联系方式）、最近一个会计年度的营业额（包括全球和中国境内）、公司规模及业界地位、公司设立和重要变更的历史情况等。

集中申报人应提供其身份证明或注册登记证明。若申报人为境外企业或自然人，还应提交当地相关机构出具的公证认证文件。

申报人委托他人代理申报的，应出具授权委托书，并提供其联系方式及文件送达地址。境外申报人应委托在境内有住所的代理人或文件签收人，并提供联系方式。

第三条 与集中各方存在关联关系的企业和自然人名单及简介。可以使用组织系统图或其他图表来说明上述企业和个人之间的股权结构、实际控制等关联关系。

对于从事与所申报集中相关业务的公司，应做更详细的介绍。除参照本指导意见第二条介绍关联方情况外，还应详细介绍其产品（服务）的情况。

对于在中国境内成立的公司（包括外商投资企业及其境内投资企业）、常驻代表机构、分公司和其他在中国境内登记的实体机构，应提供营业执照（如系外商投资企业，还应提交批准证书）。

第四条 集中交易概况，包括：达成集中交易的背景情况；集中的性质和方式（如资产收购、股权收购、合并、组建合营企业等）；交易标的、交易金额（如经评估或有关部门认可，应提供相应文件）、预计完成日期；集中完成后相关公司的控制和关联关系（必要时可用图表表示公司结构）；集中所涉行业和主要产品（包括其产能、产量、销量、价格、成本等情况）；集中的动机、目的或经济合理性分析；集中后的市场发展前景和发展计划。

第五条 集中对相关市场竞争状况影响的说明，包括但不限于：

1. 相关市场界定及理由，包括对产品市场和地域市场的界定。界定相关产品市场可以从产品本身的特性、价格、用途、消费者需求和偏好、需求和供应替代性等角度进行分析。界定相关地域市场可以从行业特点、产品性质、运输、关税、保险、消费习惯等角度分析。界定相关市场必要时应提供相关数据进行相应的经济学分析。

2. 相关市场基本状况，包括但不限于从市场总体规模及发展现状、主要市场竞争者及其市场份额和联系方式、市场集中度、相关市场产品进出口状况及关税、运输成本、各国价格水平等方面分析，并提供数据来源和计算依据、证明文件等。

3. 集中对市场结构的影响，包括但不限于从集中各方最近两年营业额及市场份额、集中各方经营方式等方面分析，并提供数据来源和计算依据、证明文件等。

4. 相关市场的上、下游主要企业、联系人及联系方式，其中应列明与集中各方存在上、下游交易的主要企业，并介绍与上、下游企业开展交易的基本情况。

5. 相关市场的供应结构和需求结构。

第六条 市场进入分析，包括但不限于：

1. 进入相关市场在事实和法律等方面的障碍。

2. 因知识产权而产生的限制，并说明集中各方在相关市场中作为知识产权许可人或被许可人的情况。

3. 相关产品规模经济的重要性，相关市场上竞争者的数量和规模等。

4. 潜在市场竞争和可能的市场进入。迅速进入相关市场并展开有效竞争的可能性和难易程度。

5. 列举近几年相关市场上的重大市场进入或退出情况，如有可能请提交进入或退出企业名称、联系方式等详细情况。

第七条 相关市场内经营者横向或纵向合作协议情况，例如是否存在研发、专利使用权转让、联合生产、分销、长期供应以及信息交换等方面的协议。如有可能，应提交上述协议的进一步情况。

第八条 集中对市场结构、行业发展、竞争者、上下游经营者、消费者、技术进步、经济发展和公共利益的影响。

第九条 集中可能产生的效率及相应的支持文件，应分析效率如何实现、实现时间、量化方式、消费者受益程度、不通过集中是否无法实现该效率等情况。

第十条 集中各方在相关市场以外其他市场的规模和竞争能力情况。

第十一条 集中协议，应包括与集中相关的全部交易文件及其补充文件和附件。如果集中协议为外文，应同时报送中文译本或主要部分中文摘要。

第十二条 集中各方上一会计年度经审计的财务报表。如果会计报表为外文，应同时报送中文译本或主要部分中文摘要。

第十三条 集中各方内部或外部编制的有助于评估集中的分析和报告文件等，例如集中交易的可行性研究报告、尽职调查报告、行业发展研究报告、集中策划报告以及交易后前景发展预测报告等。上述报告应一并提供编制人员和日期。

第十四条 如果集中被禁止，可能对经营者及相关市场的影响。

第十五条 相关市场的行业协会信息，包括是否存在行业协会，协会的名称、负责人以及联系方式等。还可以提供相关行业内的专家信息。

第十六条 有关方面对本次集中的意见，如地方政府和主管部门的意见、社会各界对本集中的反映和社会影响预测。可以整理汇总各方面意见并附上相关文件资料。

第十七条 本集中在其他司法管辖区的申报审查情况。

第十八条 其他需要向主管机关说明的情况。如集中涉及破产企业、国家安全、产业政策、国有资产、其他部门职能、驰名商标等问题，应就以上问题作出特别说明。

第十九条 集中各方或（和）其授权代理人签署的就申报文件资料真实性和（或）来源准确性的声明。

关于规范经营者集中案件申报名称的指导意见

（2018年9月29日修订）

为规范经营者集中案件申报名称，国家市场监督管理总局反垄断局依据《中华人民共和国反垄断法》以及《经营者集中申报办法》、《经营者集中审查办法》等规定，制定本指导意见。

第一条 经营者在申报材料中应当使用统一的经营者集中（以下简称集中）案件名称。

集中案件名称应当反映集中的基本情况，用语符合法律规定且规范、简洁、通顺。

第二条 集中情形是经营者A（简称A，下文其他字母情况相同）和B合并的，案件名称应表述为“A与B合并案”。

第三条 集中情形是A收购B股权的，案件名称应表述为“A收购B股权案”，不需要含有股权比例。

集中情形是A收购B持有的C股权的，案件名称应表述为“A收购C股权案”，不需要含有B的名称和股权比例，无论交易后B是否对C具有控制权。

集中情形是A通过一个或多个子公司收购B股权的，案件名称应表述为“A收购B股权案”，不需要含有子公司的名称。

增资扩股类集中属于股权收购情形，案件名称适用本条规定。

第四条 集中情形是A收购B、C等两家或两家以上公司股权的，案件名称应表述为“A收购B等n家公司股权案”，n为被收购的公司数量。

第五条 集中情形是A和B收购C股权的，一般情况下案件名称应表述为“A与B收购C股权案”，A和B按照收购股权比例高低排序；如果只有A通过集中取得了控制权，B并未取得控制权，则案件名称应表述为“A收购C股权案”。

集中情形是A和B等两个以上经营者收购C股权的，案件名称应表述为“A与B等经营者收购C股权案”。

集中情形是A和B通过设立特殊目的公司E收购C股权的，案件名称应表述为“A与B收购C股权案”。

第六条 集中情形是A收购B部分资产（或业务）的，案件名称应表述为“A收购B部分资产（或业务）案”。

集中情形是A收购B持有的C资产（或业务）的，案件名称应表述为“A收购C资产（或业务）案”，不需要含有B的名称。

集中情形是A收购B持有的C股权和D资产（或业务）的，案件名称应表述为“A收购B部分业务案”，不需要含有C和D的名称。

经营者通过子公司收购资产（或业务）的，案件名称中关于子公司的处理，参照本指导意见第三条第三款规定。

第七条 集中情形是A通过合同等方式取得B的控制权的，案件名称应表述为“A通过合同（或其他方式）取得B的控制权案”。

第八条 集中情形是A通过合同等方式能够对B施加决定性影响的，案件名称应表述为“A通过合同（或其他方式）对B施加决定性影响案”。

第九条 集中情形是A和B新设合营企业的，案件名称应表述为“A与B新设合营企业案”，A和B按照持有合营企业股权比例高低排序。

集中情形是A和B等两个以上经营者新设合营企业的，案件名称应表述为“A与B等经营者新设合营企业案”。

经营者通过子公司新设合营企业的，案件名称中关于子公司的处理，参照本指导意见第三条第三款规定。

第十条 集中案件名称中应当使用规范准确的经营者全称。经营者在中国市场监督管理部门登记注册的，应当使用登记注册的名称。没有在中国市场监督管理部门登记注册的境外经营者，应当使用准确汉语译名；没有准确汉语译名的，应当使用其在注册地登记注册的外文名称。

第十一条 集中案件名称中不应含有经营者集中申报、反垄断申报等词语。

第十二条 本指导意见自公布之日起施行。

四 反垄断指南、指引

经营者反垄断合规指南

（2020年9月11日　国反垄发〔2020〕1号）

第一章　总　　则

第一条　目的和依据

为鼓励经营者培育公平竞争的合规文化，建立反垄断合规管理制度，提高对垄断行为的认识，防范反垄断合规风险，保障经营者持续健康发展，促进《中华人民共和国反垄断法》（以下简称《反垄断法》）的全面实施，根据《反垄断法》等法律规定，制定本指南。

第二条　适用范围

本指南适用于《反垄断法》规定的经营者。

第三条　基本概念

本指南所称合规，是指经营者及其员工的经营管理行为符合《反垄断法》等法律、法规、规章及其他规范性文件（以下统称反垄断法相关规定）的要求。

本指南所称合规风险，是指经营者及其员工因反垄断不合规行为，引发法律责任、造成经济或者声誉损失以及其他负面影响的可能性。

本指南所称合规管理，是指以预防和降低反垄断合规风险为目的，以经营者及其员工经营管理行为为对象，开展包括制度制定、风险识别、风险应对、考核评价、合规培训等管理活动。

第四条 合规文化倡导

经营者应当诚实守信，公平竞争，倡导和培育良好的合规文化，在生产经营活动中严格守法，避免从事反垄断法相关规定禁止的垄断行为。

第二章 合规管理制度

第五条 建立合规制度

经营者建立并有效执行反垄断合规管理制度，有助于提高经营管理水平，避免引发合规风险，树立依法经营的良好形象。

经营者可以根据业务状况、规模大小、行业特性等，建立反垄断合规管理制度，或者在现有合规管理制度中开展反垄断合规管理专项工作。

第六条 合规承诺

鼓励经营者的高级管理人员作出并履行明确、公开的反垄断合规承诺。鼓励其他员工作出并履行相应的反垄断合规承诺。

经营者可以在相关管理制度中明确有关人员违反承诺的后果。

第七条 合规报告

鼓励经营者全面、有效开展反垄断合规管理工作，防范合规风险。经营者可以向反垄断执法机构书面报告反垄断合规管理制度及实施效果。

第八条 合规管理机构

鼓励具备条件的经营者建立反垄断合规管理部门，或者将反垄断合规管理纳入现有合规管理体系；明确合规工作职责和负责人，完善反垄断合规咨询、合规检查、合规汇报、合规培训、合规考核等内部机制，降低经营者及员工的合规风险。反垄断合规管理部门及其负责人应当具备足够的独立性和权威性，可以有效实施反垄断合规管理。

第九条　合规管理负责人

反垄断合规负责人领导合规管理部门执行决策管理层对反垄断合规管理的各项要求，协调反垄断合规管理与各项业务的关系，监督合规管理执行情况。

鼓励经营者高级管理人员领导或者分管反垄断合规管理部门，承担合规管理的组织实施和统筹协调工作。

第十条　合规管理职责

反垄断合规管理部门和合规管理人员一般履行以下职责：

（一）加强对国内外反垄断法相关规定的研究，推动完善合规管理制度，明确经营者合规管理战略目标和规划等，保障经营者依法开展生产经营活动；

（二）制定经营者内部合规管理办法，明确合规管理要求和流程，督促各部门贯彻落实，确保合规要求融入各项业务领域；

（三）组织开展合规检查，监督、审核、评估经营者及员工经营活动和业务行为的合规性，及时制止并纠正不合规的经营行为，对违规人员进行责任追究或者提出处理建议；

（四）组织或者协助业务部门、人事部门开展反垄断合规教育培训，为业务部门和员工提供反垄断合规咨询；

（五）建立反垄断合规报告和记录台账，组织或者协助业务部门、人事部门将合规责任纳入岗位职责和员工绩效考评体系，建立合规绩效指标；

（六）妥善应对反垄断合规风险事件，组织协调资源配合反垄断执法机构进行调查并及时制定和推动实施整改措施；

（七）其他与经营者反垄断合规有关的工作。

鼓励经营者为反垄断合规管理部门和合规管理人员履行职责提供必要的资源和保障。

第三章 合规风险重点

第十一条 禁止达成垄断协议

经营者不得与其他经营者达成或者组织其他经营者达成《反垄断法》第十三条和第十四条禁止的垄断协议。

是否构成垄断协议、垄断协议的具体表现形式，经营者可以依据《反垄断法》、《禁止垄断协议暂行规定》作出评估、判断。

经营者不得参与或者支持行业协会组织的垄断协议。

经营者因行政机关和法律、法规授权的具有管理公共事务职能的组织滥用行政权力而达成垄断协议的，仍应承担法律责任。

第十二条 禁止滥用市场支配地位

经营者具有市场支配地位的，不得从事反垄断法相关规定所禁止的滥用市场支配地位行为。

经营者是否具有市场支配地位、是否构成滥用市场支配地位的行为，可以依据《反垄断法》、《禁止滥用市场支配地位行为暂行规定》作出评估、判断。

第十三条 依法实施经营者集中

经营者实施《反垄断法》规定的经营者集中行为，达到《国务院关于经营者集中申报标准的规定》第三条所规定的申报标准的，应当依法事先向反垄断执法机构申报，未申报的不得实施集中。

经营者集中未达到《国务院关于经营者集中申报标准的规定》第三条规定的申报标准，参与集中的经营者可以自愿提出申报。对符合《关于经营者集中简易案件适用标准的暂行规定》的经营者集中，经营者可以申请作为简易案件申报。

经营者应当遵守反垄断执法机构依法作出的经营者集中审查决定。

第十四条 经营者的法律责任

经营者违反《反垄断法》，应当依法承担相应的法律责任。

第十五条　承诺制度

对反垄断执法机构调查的涉嫌垄断行为，被调查的经营者承诺在反垄断执法机构认可的期限内采取具体措施消除该行为后果的，反垄断执法机构可以决定中止调查。经营者申请承诺的具体适用标准和程序等可以参考《禁止垄断协议暂行规定》、《禁止滥用市场支配地位行为暂行规定》、《国务院反垄断委员会垄断案件经营者承诺指南》。

反垄断执法机构根据经营者履行承诺情况，依法决定终止调查或者恢复调查。

第十六条　宽大制度

经营者主动向反垄断执法机构报告达成垄断协议的有关情况并提供重要证据的，反垄断执法机构可以酌情减轻或者免除对该经营者的处罚。经营者申请宽大的具体适用标准和程序等可以参考《禁止垄断协议暂行规定》、《国务院反垄断委员会横向垄断协议案件宽大制度适用指南》。

第十七条　配合调查义务

经营者及员工应当配合反垄断执法机构依法对涉嫌垄断行为进行调查，避免从事以下拒绝或者阻碍调查的行为：

（一）拒绝、阻碍执法人员进入经营场所；

（二）拒绝提供相关文件资料、信息或者获取文件资料、信息的权限；

（三）拒绝回答问题；

（四）隐匿、销毁、转移证据；

（五）提供误导性信息或者虚假信息；

（六）其他阻碍反垄断调查的行为。

经营者及员工在反垄断执法机构采取未预先通知的突击调查中应当全面配合执法人员。

第十八条　境外风险提示

经营者在境外开展业务时，应当了解并遵守业务所在国家或者地区的反垄断相关法律规定，可以咨询反垄断专业律师的意见。经营者在境外遇到反垄断调查或者诉讼时，可以向反垄断执法机构报告有关情况。

第四章　合规风险管理

第十九条　风险识别

经营者可以根据自身规模、所处行业特性、市场情况、反垄断法相关规定及执法环境识别面临的主要反垄断风险。有关合规风险重点可以参考本指南第三章。

第二十条　风险评估

经营者可以依据反垄断法相关规定，分析和评估合规风险的来源、发生的可能性以及后果的严重性等，并对合规风险进行分级。

经营者可以根据实际情况，建立符合自身需要的合规风险评估程序和标准。

第二十一条　风险提醒

经营者可以根据不同职位、级别和工作范围的员工面临的不同合规风险，对员工开展风险测评和风险提醒工作，提高风险防控的针对性和有效性，降低员工的违法风险。

第二十二条　风险处置

鼓励经营者建立健全风险处置机制，对识别、提示和评估的各类合规风险采取恰当的控制和应对措施。

经营者可以在发现合规风险已经发生或者反垄断执法机构已经立案并启动调查程序时，立即停止实施相关行为，主动向反垄断执法机构报告并与反垄断执法机构合作。

第五章　合规管理保障

第二十三条　合规奖惩

鼓励经营者建立健全对员工反垄断合规行为的考核及奖惩机制，

将反垄断合规考核结果作为员工及其所属部门绩效考核的重要依据，对违规行为进行处罚，提高员工遵守反垄断法相关规定的激励。

第二十四条　内部举报

经营者可以采取适当的形式明确内部反垄断合规举报政策，并承诺为举报人的信息保密以及不因员工举报行为而采取任何对其不利的措施。

第二十五条　信息化建设

鼓励经营者强化合规管理信息化建设，通过信息化手段优化管理流程，依法运用大数据等工具，加强对经营管理行为合规情况的监控和分析。

第二十六条　合规队伍建设

鼓励经营者建立专业化、高素质的合规管理队伍，根据业务规模、合规风险水平等因素配备合规管理人员，提升队伍能力水平。

第二十七条　合规培训

经营者可以通过加强教育培训等方式，投入有效资源，帮助和督促员工了解并遵守反垄断法相关规定，增强员工的反垄断合规意识。

第六章　附　　则

第二十八条　指南的效力

本指南仅对经营者反垄断合规作出一般性指引，不具有强制性。法律法规对反垄断合规另有专门规定的，从其规定。

第二十九条　参考制定

行业协会可以参考本指南，制定本行业的合规管理制度。

网络平台经营者可以参考本指南，制定本平台内经营者合规管理制度。

第三十条　指南的解释

本指南由国务院反垄断委员会解释，自发布之日起实施。

企业境外反垄断合规指引

（2021 年 11 月 15 日　国市监反垄发〔2021〕72 号）

第一章　总　　则

第一条　目的和依据

为了鼓励企业培育公平竞争的合规文化，引导企业建立和加强境外反垄断合规管理制度，增强企业境外经营反垄断合规管理意识，提升境外经营反垄断合规管理水平，防范境外反垄断法律风险，保障企业持续健康发展，根据工作实际，制定本指引。

第二条　反垄断合规的重要意义

反垄断法是市场经济国家调控经济的重要政策工具，制定并实施反垄断法是世界上大多数国家或者地区（以下称司法辖区）保护市场公平竞争、维护市场竞争秩序的普遍做法。不同司法辖区对反垄断法的表述有所不同，例如“反垄断法”、“竞争法”、“反托拉斯法”、“公平交易法”等，本指引以下统称反垄断法。

企业境外经营应当坚持诚信守法、公平竞争。企业违反反垄断法可能面临高额罚款、罚金、损害赔偿诉讼和其他法律责任，企业相关负责人也可能面临罚款、罚金甚至刑事责任等严重后果。加强境外反垄断合规建设，可以帮助企业识别、评估和管控各类反垄断法律风险。

第三条　适用范围

本指引适用于在境外从事经营业务的中国企业以及在境内从事经营业务但可能对境外市场产生影响的中国企业，包括从事进出口贸易、境外投资、并购、知识产权转让或者许可、招投标等涉及境外的经营活动。

多数司法辖区反垄断法规定域外管辖制度，对在本司法辖区以外发生但对本司法辖区内市场产生排除、限制竞争影响的垄断行为，同样适用其反垄断法。

第二章　境外反垄断合规管理制度

第四条　建立境外反垄断合规管理制度

企业可以根据业务规模、业务涉及的主要司法辖区、所处行业特性及市场状况、业务经营面临的法律风险等制定境外反垄断合规制度，或者将境外反垄断合规要求嵌入现有整体合规制度中。

部分司法辖区对企业建立健全反垄断合规体系提出了具体指引，企业可以以此为基础制定相应的反垄断合规制度。企业建立并有效实施良好的合规制度在部分司法辖区可以作为减轻反垄断处罚责任的依据。

第五条　境外反垄断合规管理机构

鼓励企业尤其是大型企业设置境外反垄断合规管理部门或者岗位，或者依托现有合规管理制度开展境外反垄断合规管理专项工作。

反垄断合规管理部门和合规管理人员可以按照国务院反垄断委员会发布的《经营者反垄断合规指南》履行相应职责。

企业可以对境外反垄断合规管理制度进行定期评估，该评估可以由反垄断合规管理部门实施或者委托外部专业机构协助实施。

第六条　境外反垄断合规管理职责

境外反垄断合规管理职责主要包括以下方面：

（一）持续关注企业业务所涉司法辖区反垄断立法、执法及司法的发展动态，及时为决策层、高级管理层和业务部门提供反垄断合规建议；

（二）根据所涉司法辖区要求，制定并更新企业反垄断合规政策，明确企业内部反垄断合规要求和流程，督促各部门贯彻落实，确保合规要求融入各项业务领域；

（三）审核、评估企业竞争行为和业务经营的合规性，及时制止、纠正不合规的经营行为，并制定针对潜在不合规行为的应对措施；

（四）组织或者协助业务、人事等部门开展境外反垄断合规培训，并向业务部门和员工提供境外反垄断合规咨询；

（五）建立境外反垄断合规报告制度，组织开展企业内部反垄断合规检查，对发现的合规风险向管理层提出处理建议；

（六）妥善应对反垄断合规风险事件，就潜在或者已发生的反垄断调查或者诉讼，组织制定应对和整改措施；

（七）其他与企业境外反垄断合规有关的工作。

第七条　境外反垄断合规承诺机制

鼓励企业建立境外反垄断合规承诺机制。企业决策人员、在境外从事经营的高级管理人员和业务人员等可以作出反垄断合规承诺。

建立反垄断合规承诺机制，可以提高相关人员对反垄断法律风险的认识和重视程度，确保其对企业履行合规承诺负责。通常情况下，企业决策人员和相关高级管理人员对反垄断合规的承诺和参与是提升合规制度有效性的关键。

第三章　境外反垄断合规风险重点

第八条　反垄断涉及的主要行为

各司法辖区反垄断法调整的行为类型类似，主要规制垄断协议、滥用市场支配地位和具有或者可能具有排除、限制竞争影响的经营者集中。各司法辖区对于相关行为的定义、具体类型和评估方法不尽相同，本章对此作简要阐释，具体合规要求应以各司法辖区反垄断法相关规定为准。

同时，企业应当根据相关司法辖区的情况，关注本章可能未涉及的特殊规制情形，例如有的司法辖区规定禁止滥用相对优势地位、禁止在竞争者中兼任董事等安排，规制行政性垄断行为等。

第九条　垄断协议

垄断协议一般是指企业间订立的排除、限制竞争的协议或者采取的协同行为，也被称为“卡特尔”、“限制竞争协议”、“不正当交易限制”等，主要包括固定价格、限制产量或分割市场、联合抵制交易等横向垄断协议以及转售价格维持、限定销售区域和客户或者排他性安排等纵向垄断协议。部分司法辖区反垄断法也禁止交换价格、成本、市场计划等竞争性敏感信息，某些情况下被动接收竞争性敏感信息不能成为免于处罚的理由。横向垄断协议，尤其是与价格相关的横向垄断协议，通常被视为非常严重的限制竞争行为，各司法辖区均对此严格规制。多数司法辖区也对纵向垄断协议予以规制，例如转售价格维持（RPM）可能具有较大的违法风险。

垄断协议的形式并不限于企业之间签署的书面协议，还包括口头协议、协同行为等行为。垄断协议的评估因素较为复杂，企业可以根据各司法辖区的具体规定、指南、司法判例及执法实践进行评估和判断。比如，有的司法辖区对垄断协议的评估可能适用本身违法或者合理原则，有的司法辖区可能会考虑其是否构成目的违法或者需要进行效果分析。适用本身违法或者目的违法的行为通常推定为本质上存在损害、限制竞争性质，而适用合理原则与效果分析时，会对相关行为促进和损害竞争效果进行综合分析。部分司法辖区对垄断协议行为设有行业豁免、集体豁免以及安全港制度，企业在分析和评估时可以参照有关规定。

此外，大多数司法辖区均规定协会不得组织企业从事垄断协议行为，企业也不会因协会组织的垄断协议而免于处罚。

第十条　滥用市场支配地位

市场支配地位一般是指企业能够控制某个相关市场，而在该市场内不再受到有效竞争约束的地位。一般来说，判断是否具有市场支配地位需要综合考虑业务规模、市场份额和其他相关因素，比如来自竞争者的竞争约束、客户的谈判能力、市场进入壁垒等。通常情况下，除非有相反证据，较低的市场份额不会被认定为具有市场支配地位。

企业具有市场支配地位本身并不违法，只有滥用市场支配地位才构成违法。滥用市场支配地位是指具有市场支配地位的企业没有正当理由，凭借该地位实施排除、限制竞争的行为，一般包括销售或采购活动中的不公平高价或者低价、低于成本价销售、附加不合理或者不公平的交易条款和条件、独家或者限定交易、拒绝交易、搭售、歧视性待遇等行为。企业在判断是否存在滥用市场支配地位时，可以根据有关司法辖区的规定，提出可能存在的正当理由及相关证据。

第十一条　经营者集中

经营者集中一般是指企业合并、收购、合营等行为，有的司法辖区称之为并购控制。经营者集中本身并不违法，但对于具有或可能具有排除、限制竞争效果的，可能被禁止或者附加限制性条件批准。

不同司法辖区判断是否构成集中、是否应当申报的标准不同。有的司法辖区主要考察经营者控制权的持久变动，通过交易取得对其他经营者的单独或者共同控制即构成集中，同时依据营业额设定申报标准；有的司法辖区设置交易规模、交易方资产额、营业额等多元指标判断是否达到申报标准；有的司法辖区考察集中是否会或者可能会对本辖区产生实质性限制竞争效果，主要以市场份额作为是否申报或者鼓励申报的初步判断标准。此外，设立合营企业是否构成经营者集中在不同司法辖区的标准也存在差异，需要根据相关规定具体分析。

多数司法辖区要求符合规定标准的集中必须在实施前向反垄断执法机构申报，否则不得实施；有的司法辖区根据集中类型、企业规模和交易规模确定了不同的申报时点；有的司法辖区采取自愿申报制度；有的司法辖区要求企业不晚于集中实施后的一定期限内申报；有的司法辖区可以在一定情况下调查未达到申报标准的交易。对于采取强制事前申报的司法辖区，未依法申报或者未经批准实施的经营者集中，通常构成违法行为并可能产生严重的法律后果，比如罚款、暂停交易、恢复原状等；采取自愿申报或者事后申报的司法辖区，比如交易对竞争产生不利影响，反垄断执法机构可以要求企业暂停交易、恢复原状、附加限制性条件等。

第十二条　境外反垄断调查方式

多数司法辖区反垄断执法机构都拥有强力而广泛的调查权。一般来说，反垄断执法机构可根据举报、投诉、违法公司的宽大申请或者依职权开展调查。

调查手段包括收集有关信息、复制文件资料、询问当事人及其他关系人（比如竞争对手和客户）、现场调查、采取强制措施等。部分司法辖区还可以开展“黎明突袭”，即在不事先通知企业的情况下，突然对与实施涉嫌垄断行为相关或者与调查相关的必要场所进行现场搜查。在黎明突袭期间，企业不得拒绝持有搜查证、搜查授权或者决定的调查人员进入。调查人员可以检查搜查证、搜查授权或者决定范围内的一切物品，可以查阅、复制文件，根据检查需要可以暂时查封有关场所，询问员工等。此外，在有的司法辖区，反垄断执法机构可以与边境管理部门合作，扣留和调查入境的被调查企业员工。

第十三条　配合境外反垄断调查

各司法辖区对于配合反垄断调查和诉讼以及证据保存均有相关规定，一般要求相关方不得拒绝提供有关材料或信息，提供虚假或者误导性信息、隐匿或者销毁证据，开展其他阻挠调查和诉讼程序并带来不利后果的行为，对于不配合调查的行为规定了相应的法律责任。有的司法辖区规定，提供错误或者误导性信息等情形可面临最高为集团上一财年全球总营业额1%的罚款，还可以要求每日缴纳最高为集团上一财年全球日均营业额5%的滞纳金；如果最终判定存在违法行为，则拒绝合作可能成为加重罚款的因素。有的司法辖区规定，拒绝配合调查可能被判藐视法庭或者妨碍司法公正，并处以罚金，情节严重的甚至可能被判处刑事责任，比如通过向调查人员提供重大不实陈述的方式故意阻碍调查等情形。通常情况下，企业对反垄断调查的配合程度是执法机构作出处罚以及宽大处理决定时的重要考量因素之一。

企业可以根据需要，由法务部门、外部律师、信息技术部门事先制定应对现场检查的方案和配合调查的计划。在面临反垄断调查和诉讼时，企业可以制定员工出行指南，确保员工在出行期间发生海关盘问、搜查等突发情况时能够遵守企业合规政策，同时保护其合法权利。

第十四条　企业在境外反垄断调查中的权利

多数司法辖区对反垄断执法机构开展调查的程序等作出明确要求，以保障被调查企业的合法权利。反垄断执法机构开展调查时应当遵循法定程序并出具相关证明文件，比如执法机构的身份证明或者法院批准的搜查令等。被调查的企业依法享有陈述、说明和申辩的权利，反垄断执法机构对调查过程中获取的信息应当依法予以保密。

在境外反垄断调查中，企业可以依照相关司法辖区的规定维护自身合法权益，比如就有关事项进行陈述和申辩，要求调查人员出示证件，向执法机构询问企业享有的合法权利，在保密的基础上查阅执法机构的部分调查文件；聘请律师到场，在有的司法辖区，被调查对象有权在律师到达前保持缄默。部分司法辖区对受律师客户特权保护的文件有除外规定，企业在提交文件时可以对相关文件主张律师客户特权，防止执法人员拿走他们无权调阅的特权资料。有的司法辖区规定，应当听取被调查企业或行业协会的意见，并使其享有就异议事项提出答辩的机会。无论是法律或者事实情况，如果被调查对象没有机会表达自己的观点，就不能作为案件裁决的依据。

第十五条　境外反垄断诉讼

企业在境外也可能面临反垄断诉讼。反垄断诉讼既可以由执法机构提起，也可以由民事主体提起。比如，在有的司法辖区，执法机构可以向法院提起刑事诉讼和民事诉讼；直接购买者、间接购买者也可以向法院提起诉讼，这些诉讼也有可能以集团诉讼的方式提起。在有的司法辖区，反垄断诉讼包括对反垄断执法机构决定的上诉，以及受损害主体提起的损害赔偿诉讼、停止垄断行为的禁令申请或者以合同包含违反竞争法律的限制性条款为由对该合同提起的合同无效之诉。

不同司法辖区的反垄断诉讼涉及程序复杂、耗时较长；有的司法辖区可能涉及范围极为宽泛的证据开示。企业在境外反垄断诉讼中一旦败诉，将面临巨额罚款或者赔偿、责令改变商业模式甚至承担刑事责任等严重不利后果。

第十六条　应对境外反垄断风险

企业可以建立对境外反垄断法律风险的应对和损害减轻机制。当发生重大境外反垄断法律风险时，可以立刻通知法务人员、反垄断合规管理人员、相关业务部门负责人开展内部联合调查，发现并及时终止不合规行为，制定内部应对流程以及诉讼或者辩护方案。

部分司法辖区设有豁免申请制度，在符合一定条件的情况下，企业可以针对可能存在损害竞争效果但也有一定效率提升、消费者福利提升或公平利益提升的相关行为，向反垄断执法机构事前提出豁免申请。获得批准后，企业从事相关行为将不会被反垄断执法机构调查或者被认定为违法。企业可以根据所在司法辖区的实际情况评估如何运用该豁免申请，提前防范反垄断法律风险。

企业可以聘请外部律师、法律或者经济学专家、其他专业机构协助企业应对反垄断法律风险，争取内部调查的结果在可适用的情况下可以受到律师客户特权的保护。

第十七条　可能适用的补救措施

出现境外反垄断法律风险时或者境外反垄断法律风险发生后，企业可以根据相关司法辖区的规定以及实际情况采取相应措施，包括运用相关司法辖区反垄断法中的宽大制度、承诺制度、和解程序等，最大程度降低风险和负面影响。

宽大制度，一般是指反垄断执法机构对于主动报告垄断协议行为并提供重要证据的企业，减轻或者免除处罚的制度。比如，有的司法辖区，宽大制度可能使申请企业减免罚款并豁免刑事责任；有的司法辖区，第一个申请宽大的企业可能被免除全部罚款，后续申请企业可能被免除部分罚款。申请适用宽大制度通常要求企业承认参与相关垄断协议，可能在后续民事诉讼中成为对企业的不利证据，同时要求企业承担更高的配合调查义务。

承诺制度，一般是指企业在反垄断调查过程中，主动承诺停止或者放弃被指控的垄断行为，并采取具体措施消除对竞争的不利影响，反垄断执法机构经评估后作出中止调查、接受承诺的决定。对于企业而言，承诺决定不会认定企业存在违法行为，也不会处以罚款；但企业后续如果未遵守承诺，可能面临重启调查和罚款的不利后果。

和解制度，一般是指企业在反垄断调查过程中与执法机构或者私人原告以和解的方式快速结案。有的司法辖区，涉案企业需主动承认其参与垄断协议的违法行为，以获得最多10%的额外罚款减免。有的司法辖区，和解包括在民事案件中与执法机构或者私人原告达成民事和解协议，或者在刑事案件中与执法机构达成刑事认罪协议。民事和解通常包括有约束力的同意调解书，其中包括纠正被诉损害竞争行为的承诺。执法机构也可能会要求被调查方退还通过损害竞争行为获得的非法所得。同意调解书同时要求企业对遵守承诺情况进行定期报告。不遵守同意调解书，企业可能被处以罚款，并且重新调查。在刑事程序中，企业可以和执法机构达成认罪协议，达到减轻罚款、更快结案的效果；企业可以综合考虑可能的罚款减免、效率、诉讼成本、确定性、胜诉可能性、对后续民事诉讼的影响等因素决定是否达成认罪协议。

第十八条　反垄断法律责任

垄断行为可能导致相关企业和个人被追究行政责任、民事责任和刑事责任。

行政责任主要包括被处以禁止令、罚款、拆分企业等。禁止令通常禁止继续实施垄断行为，也包括要求采取整改措施、定期报告、建立和实施有效的合规制度等。多数司法辖区对垄断行为规定大额罚款，有的司法辖区规定最高可以对企业处以集团上一年度全球总营业额10%的罚款。

民事责任主要有确认垄断协议无效和损害赔偿两种。有的司法辖区规定应当充分赔偿因垄断行为造成的损失，包括实际损失和利润损失，加上从损害发生之日起至支付赔偿金期间的利息；有的司法辖区规定企业最高承担三倍损害赔偿责任以及相关诉讼费用。

部分司法辖区还规定刑事责任，垄断行为涉及的高级管理人员、直接责任人等个人可能面临罚金甚至监禁，对公司违法者的罚金高达1亿美元，个人刑事罚金高达100万美元，最高监禁期为10年。如果违法所得或者受害者经济损失超过1亿美元，公司的最高罚金可以是违法所得或者经济损失的两倍。

有的司法辖区规定，如果母公司对子公司能够施加“决定性影响”，境外子公司违反反垄断法，母公司可能承担连带责任。同时，计算相关罚款的基础调整为整个集团营业额。

除法律责任外，企业受到反垄断调查或者诉讼还可能产生其他重大不利影响，对企业境外经营活动造成极大风险。反垄断执法机构的调查或者反垄断诉讼可能耗费公司大量的时间，产生高额法律费用，分散对核心业务活动的关注，影响企业正常经营。如果调查或者诉讼产生不利后果，企业财务状况和声誉会受到极大损害。

第四章　境外反垄断合规风险管理

第十九条　境外反垄断风险识别

企业可以根据境外业务规模、所处行业特点、市场情况、相关司法辖区反垄断法律法规以及执法环境等因素识别企业面临的主要反垄断风险。

（一）可能与垄断协议有关的风险。大多数司法辖区禁止企业与其他企业达成和实施垄断协议以及交换竞争性敏感信息。企业在境外开展业务时应当高度关注以下行为可能产生与垄断协议有关的风险：一是与竞争者接触相关的风险。比如，企业员工与竞争者员工之间在行业协会、会议以及其他场合的接触；竞争企业之间频繁的人员流动；通过同一个供应商或者客户交换敏感信息等。二是与竞争者之间合同、股权或其他合作相关的风险。比如，与竞争者达成合伙或者合作协议等可能排除、限制竞争的。三是在日常商业行为中与某些类型的协议或行为相关的风险。比如，与客户或供应商签订包含排他性条款的协议；对客户转售价格的限制等。

（二）可能与滥用市场支配地位有关的风险。企业应当对从事经营活动的市场、主要竞争者和自身市场力量做出评估和判断，并以此为基础评估和规范业务经营活动。当企业在某一市场中具有较高市场份额时，应当注意其市场行为的商业目的是否为限制竞争、行为是否对竞争造成不利影响，避免出现滥用市场支配地位的风险。

（三）可能与经营者集中有关的风险。大多数司法辖区设有集中申报制度，企业在全球范围内开展合并、收购、设立合营企业等交易时，同一项交易（包括在中国境内发生的交易）可能需要在多个司法辖区进行申报。企业在开展相关交易前，应当全面了解各相关司法辖区的申报要求，充分利用境外反垄断执法机构的事前商谈机制，评估申报义务并依法及时申报。企业收购境外目标公司还应当特别注意目标公司是否涉及反垄断法律责任或者正在接受反垄断调查，评估该法律责任在收购后是否可能被附加至母公司或者买方。

第二十条　境外反垄断风险评估

企业可以根据实际情况，建立境外反垄断法律风险评估程序和标准，定期分析和评估境外反垄断法律风险的来源、发生的可能性以及后果的严重性等，明确风险等级，并按照不同风险等级设计和实施相应的风险防控制度。评估可以由企业反垄断合规管理部门组织实施或者委托外部专业机构协助实施。

鼓励企业对以下情形开展专项评估：（一）对业务收购、公司合并、新设合营企业等事项作出投资决策之前；（二）实施重大营销计划、签订重大供销协议之前；（三）受到境外反垄断调查或者诉讼之后。

第二十一条　企业员工风险评级

企业根据员工面临境外反垄断法律风险的不同程度开展风险评级，进行更有效的风险防控。对高级管理人员，业务部门的管理人员，经常与同行竞争者交往的人员，销售、市场及采购部门的人员，知晓企业商业计划、价格等敏感信息的人员，曾在具有竞争关系的企业工作并知晓敏感信息的人员，负责企业并购项目的人员等；企业可以优先进行风险管理，采取措施强化其反垄断合规意识。对其他人员，企业可以根据风险管理的优先级采取反垄断风险管理的适当措施。

第二十二条　境外反垄断合规报告

企业可以建立境外反垄断合规报告机制。反垄断合规管理部门可以定期向企业决策层和高级管理层汇报境外反垄断合规管理情况。当发生重大境外反垄断风险时，反垄断合规管理机构应当及时向企业决策层和高级管理层汇报，组织内部调查，提出风险评估意见和风险应对措施；同时，企业可以通过境外企业和对外投资联络服务平台等渠道向商务部、市场监管总局等政府部门和驻外使领馆报告。

第二十三条　境外反垄断合规咨询

企业可以建立反垄断合规咨询机制。由于境外反垄断合规的高度复杂性，鼓励企业及员工尽早向反垄断合规管理部门咨询经营中遇到境外反垄断合规问题。企业反垄断合规管理部门可根据需要聘请外部律师或专家协助开展合规咨询，也可在相关司法辖区法律法规允许的情况下，在开展相关行为前向有关反垄断执法机构进行合规咨询。

第二十四条　境外反垄断合规审核

企业可以建立境外反垄断合规审核机制。反垄断合规管理部门可以对企业在境外实施的战略性决定、商业合同、交易计划、经销协议模板、销售渠道管理政策等进行反垄断合规审核。反垄断合规管理部门可以根据需要聘请外部律师协助评估反垄断法律风险，提出审核意见。

第二十五条　境外反垄断合规培训

企业可以对境外管理人员和员工进行定期反垄断合规培训。反垄断合规培训可以包括相关司法辖区反垄断法律法规、反垄断法律风险、可能导致反垄断法律风险的行为、日常合规行为准则、反垄断调查和诉讼的配合、反垄断宽大制度、承诺制度、和解制度、企业的反垄断合规政策和体系等相关内容。

企业可以定期审阅、更新反垄断合规培训内容；也可以通过员工行为准则、核查清单、反垄断合规手册等方式向员工提供书面指导。

第二十六条　其他防范反垄断风险的具体措施

除本章第十九条至第二十五条规定之外，企业还可以采取以下措施，防范境外反垄断风险。

（一）在加入行业协会之前，对行业协会目标和运营情况进行尽职调查，特别是会籍条款是否可能用来排除限制竞争，该协会是否有反垄断合规制度等。保存并更新所参加的行业协会活动及相关员工的清单。

（二）在参加行业协会组织的或者有竞争者参加的会议前了解议

题，根据需要可以安排反垄断法律顾问出席会议和进行反垄断合规提醒；参加行业协会会议活动时认真审阅会议议程和会议纪要。

（三）在与竞争者进行交流之前应当明确范围，避免讨论竞争敏感性话题；记录与竞争者之间的对话或者其他形式的沟通，及时向上级或者反垄断合规管理部门报告。

（四）对与竞争者共同建立的合营企业和其他类型的合作，可以根据需要设立信息防火墙，避免通过合营企业或者其他类型的合作达成或者实施垄断协议。

（五）如果企业的部分产品或者服务在相关司法辖区可能具有较高的市场份额，可以对定价、营销、采购等部门进行专项培训，对可能存在风险的行为进行事前评估，及时防范潜在风险。

第五章　附　　则

第二十七条　指引的效力

本指引仅对企业境外反垄断合规作出一般性指引，供企业参考。指引中关于境外反垄断法律法规的阐释多为原则性、概括性说明，建议在具体适用时查询相关司法辖区反垄断法律法规的最新版本。企业应当结合各司法辖区关于合规制度以及经营行为是否违反反垄断法等方面的具体要求，有针对性地建设反垄断合规体系和开展合规工作。

本指引未涉及事项，可以参照国务院反垄断委员会发布的《经营者反垄断合规指南》。

国务院反垄断委员会
垄断案件经营者承诺指南

（2019年1月4日 国反垄发〔2019〕2号）

第一条 指南的目的和依据

为了指导在垄断案件调查过程中适用经营者承诺及中止调查、终止调查程序（以下统称“经营者承诺制度”），提高反垄断执法工作透明度，根据《中华人民共和国反垄断法》（下称《反垄断法》），制定本指南。

在垄断案件调查中，依据《反垄断法》第四十五条的规定，被调查的经营者可以提出承诺，采取具体措施消除其行为后果，国务院反垄断执法机构（下称执法机构）可以接受经营者的承诺，决定中止调查和终止调查。这有助于提高反垄断执法效率，节约行政执法资源，同时也能够有效实现保护市场公平竞争、维护消费者利益和社会公共利益的目标。

第二条 经营者承诺制度的适用范围

对于具有竞争关系的经营者之间固定或者变更商品价格、限制商品生产或者销售数量、分割销售市场或者原材料采购市场的横向垄断协议案件，执法机构不应接受经营者提出承诺，实施中止调查。

对于其他垄断案件，经营者主动提出承诺，执法机构可以决定中止调查及终止调查程序。

第三条 中止调查及终止调查决定的法律后果

执法机构的中止调查及终止调查决定，不是对经营者的行为是否构成垄断行为作出认定。执法机构仍然可以依法对其他类似行为实施调查并作出行政处罚。中止调查及终止调查决定也不应作为认定该行为是否构成垄断行为的相关证据。

第四条　经营者提出与撤回承诺

执法机构对涉嫌垄断行为调查核实后，认为构成垄断行为的，应当依法作出处理决定，不再接受经营者提出承诺。

鼓励经营者在执法机构采取《反垄断法》第三十九条所规定的任何措施后、作出行政处罚事先告知前提出承诺；经营者在行政处罚事先告知后提出承诺的，执法机构一般不再接受。

执法机构作出中止调查决定前，经营者可以撤回承诺。经营者撤回承诺的，执法机构将终止对经营者承诺的审查，继续对该涉嫌垄断行为进行调查，并不再接受经营者提出承诺。

第五条　经营者提出承诺前与执法机构的沟通

执法机构鼓励经营者在尽可能早的阶段提出承诺。经营者提出承诺前，可以与执法机构进行必要的沟通。

执法机构可以告知经营者涉嫌垄断行为的基本事实以及可能造成的影响，并可以与经营者进行沟通。在沟通基础上，由经营者自愿提出承诺。

第六条　经营者承诺的提出

经营者应以书面形式提出承诺。承诺通常载明下列事项：

（一）被调查的涉嫌垄断行为及可能造成的影响；

（二）承诺采取消除行为后果的具体措施；

（三）承诺采取的具体措施能够消除行为后果的说明；

（四）履行承诺的时间安排及方式；

（五）需要承诺的其他内容。

执法机构在收到经营者承诺后，向经营者出具书面回执，明确收到承诺的时间及材料清单。

第七条　经营者的承诺措施

经营者承诺的措施可以是结构性措施、行为性措施和综合性措施。承诺的措施需要明确、可行且可以自主实施。如果承诺的措施需经第三方同意方可实施，经营者需要提交第三方同意的书面意见。

前款所指的行为性措施包括调整定价策略、取消或者更改各类交易限制措施、开放网络或者平台等基础设施，许可专利、技术秘密或者其他知识产权等；结构性措施包括剥离有形资产、知识产权等无形资产或者相关权益等。

第八条　经营者与执法机构的沟通

经营者与执法机构可以就承诺内容进行沟通，包括案件事实的具体表述、承诺的措施能否有效消除涉嫌垄断行为的后果以及是否限于解决执法机构所关注的竞争问题等。

在沟通过程中，经执法机构和经营者一致同意，可以共同邀请第三方经营者、行业主管部门、行业协会、专家学者等共同参加讨论。

第九条　承诺措施公开征求意见与修改

执法机构认为经营者的涉嫌垄断行为已经影响到其他不特定多数的经营者、消费者的合法权益或者社会公共利益，可以就经营者承诺的措施向社会公开征求意见。征求意见的时间一般不少于30日。

对社会公众等各方提出的意见，执法机构认为需要采纳的，可以建议经营者对承诺的措施进行修改或者重新提出承诺措施。经营者不愿意对承诺的措施进行修改并且无法给出合理解释或者提出可行替代方案的，执法机构可以终止经营者承诺的审查与沟通程序，继续对涉嫌垄断行为进行调查。

如果修改后承诺的措施在性质或者范围上发生了重大改变，执法机构可以再次向社会公开征求意见。

第十条　经营者履行承诺措施的期限

经营者履行承诺措施的期限，由执法机构根据具体案情决定。

经营者在履行期限前已经完全履行承诺或者由于市场竞争状况发生重大变化已经没有必要继续履行承诺的，经营者可以申请提前终止调查。

第十一条　对承诺措施的分析审查

执法机构在对经营者的承诺进行审查时，可以综合考虑以下因素：

（一）经营者实施涉嫌垄断行为的主观态度；

（二）经营者实施涉嫌垄断行为的性质、持续时间、后果及社会影响；

（三）经营者承诺的措施及其预期效果。

第十二条　中止调查决定

执法机构决定中止调查的，应当制作中止调查决定书，载明下列内容：

（一）涉嫌垄断行为的事实及对竞争产生或者可能产生的影响；

（二）经营者承诺的消除行为后果的措施；

（三）经营者履行承诺的期限及方式；

（四）经营者在规定的时限内向执法机构报告承诺履行情况的义务；

（五）对经营者履行承诺的监督措施；

（六）不履行或者不完全履行承诺的法律后果等。

第十三条　经营者承诺履行情况的报告与监督

经营者按照中止调查决定书的要求，向执法机构书面报告承诺的履行情况。

执法机构应当对经营者履行承诺的情况进行监督。

第十四条　经营者承诺措施的变更

经营者在履行承诺的过程中，因自身经营状况或者市场竞争状况等发生重大变化，可以向执法机构申请变更承诺的措施。

执法机构将对经营者变更申请进行审查，并将是否同意经营者变更承诺措施的结果书面告知经营者。

执法机构认为经营者对承诺措施的变更可能影响到其他不特定

多数的经营者、消费者的合法权益或者社会公共利益，可以就经营者变更的承诺措施向社会公开征求意见。

第十五条　终止调查决定

经营者履行承诺的，执法机构可以决定终止调查，并制作终止调查决定书。

终止调查决定书需要载明下列内容：

（一）执法机构调查的经营者涉嫌垄断行为；

（二）经营者承诺的消除行为后果的措施；

（三）经营者履行承诺的情况；

（四）对经营者履行承诺的监督情况；

（五）终止涉嫌垄断行为的调查决定。

第十六条　中止调查、终止调查决定的公布

执法机构应当将中止调查决定、终止调查决定及时向社会公布。

第十七条　恢复调查决定

如果出现《反垄断法》第四十五条第三款所规定的情形，执法机构应当恢复对涉嫌垄断行为的调查。

行业主管部门、消费者或者其他经营者认为符合上述情形的，可以向执法机构提出恢复调查的建议，由执法机构审查后决定是否恢复调查。

第十八条　恢复调查后的中止调查和处罚

执法机构恢复调查后，不再接受经营者提出承诺。但是，依据《反垄断法》第四十五条第三款第（二）项恢复调查的，执法机构可以基于新的事实接受经营者提出承诺。

国务院反垄断委员会
关于原料药领域的反垄断指南

（2021 年 11 月 15 日　国反垄发〔2021〕3 号）

第一章　总　　则

第一条　目的和依据

为了预防和制止原料药领域垄断行为，进一步明确市场竞争规则，维护原料药领域市场竞争秩序，保护消费者利益和社会公共利益，根据《中华人民共和国反垄断法》（以下简称《反垄断法》）等法律规定，制定本指南。

第二条　相关概念

（一）原料药，是指符合药品管理相关法律法规要求、用于生产各类药品的原材料，是药品中的有效成份。本指南所称原料药包括化学原料药、中药材。

（二）药品，是指用于预防、诊断、治疗人的疾病，有目的地调节人的生理机能并规定有适应症或者功能主治、用法和用量的物质，包括中药、化学药和生物制品等。

（三）原料药经营者，是指经相关监督管理部门批准，从事原料药生产、经营的各类企业。

（四）原料药生产企业，是指经相关监督管理部门批准，采用化学合成、动植物提取、生物技术等方式生产并销售原料药的企业。

（五）原料药经销企业，是指经相关监督管理部门批准，不生产原料药，仅从事原料药经营销售的企业。

（六）药品生产企业，是指经相关监督管理部门批准，取得药品生产许可证，生产、销售药品的企业。

（七）药品经销企业，是指经相关监督管理部门批准，取得药品经营许可证，从事药品经营销售业务的企业。

第三条　基本原则

反垄断执法机构对原料药领域开展反垄断监管坚持以下原则：

（一）保护市场公平竞争。坚持对市场主体一视同仁、平等对待，依法加强规范和监管，着力预防和制止原料药领域垄断行为，保护市场公平竞争，维护良好竞争秩序，支持原料药经营者创新发展，增强国际竞争力。

（二）依法科学高效监管。《反垄断法》及有关配套法规、规章、指南确定的基本制度、规制原则和分析框架适用于原料药领域市场主体。反垄断执法机构根据原料药领域案件具体情况，强化竞争分析和法律论证，不断加强和改进反垄断监管，增强反垄断执法的针对性和科学性。

（三）注重保护消费者利益。反垄断执法机构严厉打击各种类型的原料药垄断行为，促进企业提高运营效率，维护市场竞争价格，引导和鼓励原料药经营者将更多资源用于工艺改进、质量和效率提升，促进原料药有效供给和药品稳定供应，保护消费者利益。

（四）持续强化法律威慑。反垄断执法机构持续加大原料药领域执法力度，对明知有关行为违反《反垄断法》故意实施或者采取措施规避调查的，依法从严从重作出处理，强化法律威慑，有效遏制原料药领域垄断行为，着力增进民生福祉。

第四条　相关市场界定

原料药产业链涵盖生产、运输、经销等环节，涉及业务类型多样，界定相关商品市场和地域市场需要遵循《反垄断法》和《国务院反垄断委员会关于相关市场界定的指南》确定的一般原则，同时考虑原料药行业特点，结合个案进行具体分析。

（一）相关商品市场

原料药领域相关商品市场界定的基本方法是替代性分析。在个案中界定相关市场时，可以基于原料药的产品特性、质量标准、用途、价格等因素进行需求替代分析。必要时，可以同时基于市场进入、生产能力、生产设施改造、技术壁垒等因素进行供给替代分析。

根据具体情形，可能需要将相关商品市场进一步细分为原料药生产市场和原料药经销市场。

由于原料药对于生产药品具有特殊作用，一种原料药一般构成单独的相关商品市场，并可能根据具体情况作进一步细分。如不同品种原料药之间具有替代关系，可能根据具体情况认定多个品种原料药构成同一相关商品市场。

（二）相关地域市场

原料药领域相关地域市场界定采用需求替代和供给替代分析。不同国家关于原料药生产、经销的相关资质和监管标准不同。在中国生产、经销原料药，原料药经营者应当按照核准的工艺组织生产，严格遵守药品生产质量管理规范和药品经营质量管理规范，确保生产和经营过程符合法定要求；进口原料药需获得中国相关监督管理部门批准。因此，生产、经销原料药的相关地域市场一般界定为中国市场。

根据不同原料药运输的特点和成本，特定品种原料药的地域市场可能界定为一定的地域范围。

第二章　垄断协议

《反垄断法》禁止经营者达成、实施垄断协议。认定原料药领域的垄断协议，适用《反垄断法》第三章和《禁止垄断协议暂行规定》。对《反垄断法》第十三条、第十四条明确列举的垄断协议，依法予以禁止；对符合《反垄断法》第十五条规定条件的垄断协议，依法予以豁免。

第五条　垄断协议的形式

原料药领域垄断协议是指经营者排除、限制竞争的协议、决定或者其他协同行为。协议、决定可以是书面、口头等形式。其他协同行为是指经营者虽未明确订立协议或者决定，但通过其他方式实质上存在协调一致的行为，有关经营者基于独立意思表示所作出的价格跟随等平行行为除外。

第六条　横向垄断协议

禁止具有竞争关系的原料药经营者达成《反垄断法》第十三条规定的横向垄断协议。原料药经营者下列行为，一般会构成《反垄断法》第十三条禁止的垄断协议行为：

（一）原料药生产企业与具有竞争关系的其他经营者通过联合生产协议、联合采购协议、联合销售协议、联合投标协议等方式商定原料药生产数量、销售数量、销售价格、销售对象、销售区域等；

（二）原料药生产企业通过第三方（如原料药经销企业、下游药品生产企业）及展销会、行业会议等沟通协调原料药销售价格、产能产量、产销计划等敏感信息；

（三）原料药生产企业与具有竞争关系的其他原料药经营者达成不生产或者不销售原料药、其他原料药经营者给予补偿的协议；

（四）原料药经销企业与具有竞争关系的其他原料药经营者就采购数量、采购对象、销售价格、销售数量、销售对象等进行沟通协调。

原料药领域与其他领域和行业横向垄断协议在竞争分析方面并无显著差别，本指南不再进一步细化。

第七条　纵向垄断协议

禁止原料药经营者与交易相对人达成《反垄断法》第十四条规定的纵向垄断协议。原料药经营者下列行为，一般会构成《反垄断法》第十四条禁止的垄断协议行为：

（一）通过合同协议、口头约定、书面函件、电子邮件、调价通知等形式对原料药经销企业、药品生产企业等实施直接固定转售价格和限定最低转售价格（以下简称转售价格限制）；

（二）采取固定经销企业利润、折扣和返点等手段对原料药经销企业、药品生产企业等实施变相转售价格限制；

以提供返利、优先供货、提供支持等奖励措施，或者以取消返利、减少折扣甚至拒绝供货或者解除协议等惩罚措施相威胁，对原料药经销企业、药品生产企业进行转售价格限制，一般会认为是实施纵向垄断协议而设置的监督和惩罚措施。

原料药经营者实施地域限制或者客户限制，可能构成《反垄断法》第十四条禁止的垄断协议行为。其中，地域限制是指原料药经营者限定交易相对人只在特定经销区域对下游一个或者若干个原料药经销企业供货，下游原料药经销企业不向其他经销区域销售；客户限制是指原料药经营者限定交易相对人只能将原料药销售给或者不得销售给特定的原料药经销企业、药品生产企业。地域限制和客户限制可能导致市场分割、价格歧视，削弱原料药市场竞争，也可能导致其他原料药经销企业或者药品生产企业难以获得相关产品供应，使原料药和药品价格维持在高位。

通常情形下，单个原料药经营者实施纵向垄断协议会限制品牌内竞争，损害原料药经销企业、药品生产企业利益。特别是如果相关市场上多个甚至全部经营者均采用相似纵向垄断协议，原料药市场竞争将被明显削弱，损害原料药经销企业、药品生产企业利益，使原料药及相关药品的价格明显高于竞争水平，损害原料药及相关药品市场竞争。

第八条　协同行为的认定

认定原料药领域协同行为，可以通过直接证据判定是否存在协同行为的实施。如果直接证据较难获取，可以根据《禁止垄断协议暂行规定》第六条规定，按照逻辑一致的间接证据，认定经营者对相关信息的知悉情况，判定经营者之间是否存在协同行为。经营者可以提供相反证据证明不存在协同行为。

第九条　轴辐协议

经营者不得组织原料药经营者达成垄断协议或者为其达成垄断

协议提供实质性帮助。

具有竞争关系的原料药经营者可能借助与其他经营者之间的纵向关系，或者由其他经营者组织、协调，达成具有横向垄断协议效果的轴辐协议。分析该协议是否属于《反垄断法》第十三条规制的垄断协议，主要考虑原料药经营者是否应知或者明知其他经营者与同一原料药经销企业签订相同、相似或者具有相互配合关系的协议。

第十条　豁免

原料药经营者如果主张其协议可以适用《反垄断法》第十五条，需要提交其协议符合《反垄断法》第十五条规定法定条件的证据。反垄断执法机构根据个案具体情况依法作出判定。

第十一条　宽大制度

反垄断执法机构鼓励参与横向垄断协议的原料药领域经营者主动报告横向垄断协议有关情况并提供重要证据，同时停止涉嫌违法行为并配合调查。对符合宽大适用条件的经营者，反垄断执法机构可以减轻或者免除处罚。

经营者申请宽大的具体标准和程序等，适用《禁止垄断协议暂行规定》和《国务院反垄断委员会横向垄断协议案件宽大制度适用指南》。

第十二条　行业协会

行业协会不得组织原料药经营者达成垄断协议，也不得为原料药经营者达成垄断协议提供便利条件。

第三章　滥用市场支配地位

《反垄断法》禁止具有市场支配地位的经营者从事滥用市场支配地位，排除、限制竞争的行为。认定原料药领域的滥用市场支配地位行为，适用《反垄断法》第三章和《禁止滥用市场支配地位行为暂行规定》。通常情况下，首先需要界定相关市场，分析经营者在相关市场是否具有市场支配地位，再根据个案情况具体分析是否构成滥用市场支配地位行为。

第十三条　市场支配地位的认定

认定原料药经营者在相关市场上是否具有支配地位，应依据《反垄断法》第十八条、第十九条规定的认定或者推定经营者具有市场支配地位的因素和情形进行分析。结合原料药行业的特点，可以具体考虑以下因素：

（一）原料药经营者的市场份额；

（二）相关市场竞争状况；

（三）原料药经营者的实际产能和产量；

（四）原料药经营者控制原料药销售市场或者采购市场的能力；

（五）原料药经营者的财力和技术条件；

（六）交易相对人对原料药经营者的依赖程度；

（七）现实和潜在交易相对人的数量，以及交易相对人对原料药经营者的制衡能力；

（八）其他原料药经营者进入相关市场的难易程度。

评估原料药经销企业市场份额时，可以考虑其销售额、销售量、库存量，以及该经销企业控制生产企业销售量的比例等因素。在有证据证明原料药经营者对其他经营者进行实际控制时，一般将该原料药经营者与被实际控制经营者的市场份额合并计算。

第十四条　常见的滥用市场支配地位行为

从执法实践看，原料药领域常见的滥用市场支配地位行为包括以不公平的高价销售原料药、拒绝与交易相对人交易、限定交易相对人只能与其交易、搭售商品或者在交易时附加不合理交易条件、对条件相同的交易相对人实行差别待遇等。

第十五条　不公平高价

具有市场支配地位的原料药经营者，滥用其市场支配地位，以不公平的高价销售原料药，不仅排除、限制市场竞争，推高原料药及相关药品市场价格，损害交易相对人合法权益和消费者利益，而且造成国家医保基金浪费。分析是否构成上述行为，可以考虑以下因素：

（一）销售价格明显高于其他经营者在相同或者相似市场条件下销售同种原料药或者可比较原料药的价格，以及相关期间的成本变化；

（二）销售价格明显高于同一经营者在其他相同或者相似市场条件区域销售原料药的价格；

（三）在市场环境稳定、成本（进价）未受显著影响的情况下，超过合理幅度提高原料药销售价格；

（四）在成本（进价）增长的情况下，销售原料药的提价幅度明显高于成本增长幅度；

（五）通过其他经营者以流转过票等方式，高价销售原料药。

第十六条　拒绝交易

具有市场支配地位的原料药经营者，滥用其市场支配地位，没有正当理由拒绝销售原料药，排除、限制市场竞争，影响药品正常供应，损害交易相对人合法权益和消费者利益。分析是否构成上述行为，可以考虑以下因素：

（一）没有正当理由，在与交易相对人开展交易过程中，实质性削减与交易相对人的现有销售数量或者拖延、中断与交易相对人的现有交易；

（二）没有正当理由，拒绝与交易相对人开展新的交易；

（三）没有正当理由，将原料药包销后，拒绝与交易相对人交易；

（四）没有正当理由，设置限制性条件，变相导致交易相对人难以与其进行交易。

第十七条　限定交易

具有市场支配地位的原料药经营者，滥用其市场支配地位，没有正当理由限定交易相对人只能与其进行交易或者只能与其指定的经营者进行交易，排除、限制市场竞争，影响药品正常供应，损害交易相对人合法权益和消费者利益。分析是否构成上述行为，可以考虑以下因素：

（一）没有正当理由，限定交易相对人只能向其购买或者销售原料药，不得与其他经营者进行交易；

（二）没有正当理由，限定交易相对人只能向其指定的经营者购买或者销售原料药；

（三）没有正当理由，限定交易相对人不得与特定的经营者进行原料药交易。

第十八条　搭售

具有市场支配地位的原料药经营者，滥用其市场支配地位，没有正当理由搭售商品，排除、限制市场竞争，损害交易相对人合法权益和消费者利益。分析是否构成上述行为，可以考虑以下因素：

（一）搭售其他原料药；

（二）搭售药用辅料、包材、医疗器械等；

（三）搭售药品；

（四）搭售其他商品。

第十九条　附加不合理交易条件

具有市场支配地位的原料药经营者，滥用其市场支配地位，在涉及原料药的交易中附加不合理交易条件，排除、限制市场竞争，损害交易相对人合法权益和消费者利益。分析是否构成上述行为，可以考虑以下因素：

（一）要求药品生产企业将全部或者部分药品交由其销售；

（二）要求药品生产企业按照指定的交易对象、价格、数量等条件销售药品；

（三）要求药品生产企业或者经销企业提供药品收入分成；

（四）要求提供不合理的保证金，或者在原料药价款之外附加其他不合理费用；

（五）对原料药销售的合同期限、支付方式、运输及交付方式等附加不合理的限制；

（六）对原料药或者药品的销售地域、销售对象等附加不合理限制；

（七）附加与交易标的无关的其他不合理交易条件。

第二十条　差别待遇

具有市场支配地位的原料药经营者，滥用其市场支配地位，没有正当理由对条件实质相同的交易相对人实施不同的交易条件，排除、限制竞争，损害交易相对人合法权益和消费者利益。分析是否构成上述行为，在同等交易条件下，可以考虑以下因素：

（一）原料药的交易价格或者给予的折扣明显不同；

（二）原料药的品质、等级等明显不同；

（三）原料药交易的付款方式、交付方式等其他影响交易相对人参与市场竞争的条件明显不同。

第二十一条　其他滥用市场支配地位行为

原料药领域经营者实施以不公平的低价购买商品、以低于成本的价格销售商品以及国务院反垄断执法机构认定的其他滥用市场支配地位行为的，依据《反垄断法》第三章和《禁止滥用市场支配地位行为暂行规定》分析。

第二十二条　共同滥用市场支配地位

两个以上的原料药经营者分工负责、相互配合实施本章规定的垄断行为，可能构成共同滥用市场支配地位行为。认定两个以上的原料药经营者具有市场支配地位，还应当考虑市场结构、相关市场透明度、相关商品同质化程度、经营者行为一致性等因素。

第四章　经营者集中

《反垄断法》禁止经营者实施具有或者可能具有排除、限制竞争效果的经营者集中。原料药行业经营者集中的反垄断审查与其他行业并无显著差别，达到《国务院关于经营者集中申报标准的规定》（以下简称《规定》）中申报标准的经营者集中，应当事先向国务院反垄断执法机构申报，未依法申报的不得实施集中。国务院反垄断执法机构依据《反垄断法》《规定》和《经营者集中审查暂行规定》，对原料药领域的经营者集中进行审查，并对违法实施的经营者集中进行调查处理。

第二十三条　未达申报标准的经营者集中

由于部分原料药品种市场规模相对较小，经营者年度营业额可能没有达到《规定》中的申报标准。但当该品种原料药经营者数量较少，在相关市场的市场份额和市场集中度较高时，经营者实施的集中具有或者可能具有排除、限制竞争的效果，参与集中的经营者可以主动申报。

原料药领域的经营者集中未达到《规定》的申报标准，但有证据表明该经营者集中具有或者可能具有排除、限制竞争效果的，国务院反垄断执法机构应当依法进行调查。

第二十四条　经营者与执法机构的商谈

对于可能符合本指南第二十三条情形的经营者集中，鼓励原料药经营者在实施集中前，尽早就相关问题与反垄断执法机构进行商谈。

第五章　滥用行政权力排除、限制竞争

《反垄断法》禁止行政机关和法律法规授权的具有管理公共事务职能的组织滥用行政权力排除、限制竞争。滥用行政权力排除、限制原料药市场竞争的行为，由反垄断执法机构依据《反垄断法》等相关法律、法规处理。

第二十五条　滥用行政权力限定交易或者限制商品自由流通行为

行政机关和法律法规授权的具有管理公共事务职能的组织从事下列行为，排除、限制原料药市场竞争，属于《反垄断法》所禁止

的行为：

（一）限定或者变相限定单位或者个人经营、购买、使用其指定的经营者提供的原料药；

（二）对外地原料药经营者设定歧视性标准、政策，采取歧视性技术措施，或者采用专门针对外地原料药经营者的行政许可、备案、关卡、屏蔽手段等，限制外地原料药经营者进入本地市场，妨碍外地原料药在本地自由流通；

（三）以设定歧视性资质要求、评审标准或者不依法发布信息等方式，排斥或者限制外地原料药经营者参加本地的招标投标活动；

（四）采取与本地原料药经营者不平等待遇等方式，排斥或者限制外地原料药经营者在本地投资或者设立分支机构。

第二十六条　滥用行政权力强制经营者从事垄断行为

行政机关和法律、法规授权的具有管理公共事务职能的组织强制或者变相强制原料药经营者从事垄断行为，属于《反垄断法》所禁止的行为。

第二十七条　公平竞争审查

行政机关和法律、法规授权的具有管理公共事务职能的组织制定市场准入和退出、产业发展、招商引资、招标投标、政府采购、经营行为规范、资质标准等涉及原料药领域市场主体经济活动的规章、规范性文件、其他政策性文件以及“一事一议”形式的具体政策措施，应当按照国务院的规定进行公平竞争审查。

第六章　附　　则

第二十八条　适用范围

生产原料药和药用辅料所需的上游化工原料、医药中间体等适用本指南。

第二十九条　指南的解释

本指南由国务院反垄断委员会解释，自发布之日起施行。

国务院反垄断委员会
关于平台经济领域的反垄断指南

（2021年2月7日　国反垄发〔2021〕1号）

第一章　总　　则

第一条　指南的目的和依据

为了预防和制止平台经济领域垄断行为，保护市场公平竞争，促进平台经济规范有序创新健康发展，维护消费者利益和社会公共利益，根据《中华人民共和国反垄断法》（以下简称《反垄断法》）等法律规定，制定本指南。

第二条　相关概念

（一）平台，本指南所称平台为互联网平台，是指通过网络信息技术，使相互依赖的双边或者多边主体在特定载体提供的规则下交互，以此共同创造价值的商业组织形态。

（二）平台经营者，是指向自然人、法人及其他市场主体提供经营场所、交易撮合、信息交流等互联网平台服务的经营者。

（三）平台内经营者，是指在互联网平台内提供商品或者服务（以下统称商品）的经营者。

平台经营者在运营平台的同时，也可能直接通过平台提供商品。

（四）平台经济领域经营者，包括平台经营者、平台内经营者以及其他参与平台经济的经营者。

第三条　基本原则

反垄断执法机构对平台经济领域开展反垄断监管应当坚持以下原则：

（一）保护市场公平竞争。坚持对市场主体一视同仁、平等对待，着力预防和制止垄断行为，完善平台企业垄断认定的法律规范，保护平台经济领域公平竞争，防止资本无序扩张，支持平台企业创新发展，增强国际竞争力。

（二）依法科学高效监管。《反垄断法》及有关配套法规、规章、指南确定的基本制度、规制原则和分析框架适用于平台经济领域所有市场主体。反垄断执法机构将根据平台经济的发展状况、发展规律和自身特点，结合案件具体情况，强化竞争分析和法律论证，不断加强和改进反垄断监管，增强反垄断执法的针对性和科学性。

（三）激发创新创造活力。营造竞争有序开放包容发展环境，降低市场进入壁垒，引导和激励平台经营者将更多资源用于技术革新、质量改进、服务提升和模式创新，防止和制止排除、限制竞争行为抑制平台经济创新发展和经济活力，有效激发全社会创新创造动力，构筑经济社会发展新优势和新动能。

（四）维护各方合法利益。平台经济发展涉及多方主体。反垄断监管在保护平台经济领域公平竞争，充分发挥平台经济推动资源配置优化、技术进步、效率提升的同时，着力维护平台内经营者、消费者和从业人员等各方主体的合法权益，加强反垄断执法与行业监管统筹协调，使全社会共享平台技术进步和经济发展成果，实现平台经济整体生态和谐共生和健康发展。

第四条　相关市场界定

平台经济业务类型复杂、竞争动态多变，界定平台经济领域相关商品市场和相关地域市场需要遵循《反垄断法》和《国务院反垄断委员会关于相关市场界定的指南》所确定的一般原则，同时考虑平台经济的特点，结合个案进行具体分析。

（一）相关商品市场

平台经济领域相关商品市场界定的基本方法是替代性分析。在个案中界定相关商品市场时，可以基于平台功能、商业模式、应用场景、用户群体、多边市场、线下交易等因素进行需求替代分析；

当供给替代对经营者行为产生的竞争约束类似于需求替代时，可以基于市场进入、技术壁垒、网络效应、锁定效应、转移成本、跨界竞争等因素考虑供给替代分析。具体而言，可以根据平台一边的商品界定相关商品市场；也可以根据平台所涉及的多边商品，分别界定多个相关商品市场，并考虑各相关商品市场之间的相互关系和影响。当该平台存在的跨平台网络效应能够给平台经营者施加足够的竞争约束时，可以根据该平台整体界定相关商品市场。

（二）相关地域市场

平台经济领域相关地域市场界定同样采用需求替代和供给替代分析。在个案中界定相关地域市场时，可以综合评估考虑多数用户选择商品的实际区域、用户的语言偏好和消费习惯、相关法律法规的规定、不同区域竞争约束程度、线上线下融合等因素。

根据平台特点，相关地域市场通常界定为中国市场或者特定区域市场，根据个案情况也可以界定为全球市场。

（三）相关市场界定在各类垄断案件中的作用

坚持个案分析原则，不同类型垄断案件对于相关市场界定的实际需求不同。

调查平台经济领域垄断协议、滥用市场支配地位案件和开展经营者集中反垄断审查，通常需要界定相关市场。

第二章　垄断协议

《反垄断法》禁止经营者达成、实施垄断协议。认定平台经济领域的垄断协议，适用《反垄断法》第二章和《禁止垄断协议暂行规定》。对《反垄断法》第十三条、第十四条明确列举的垄断协议，依法予以禁止；对符合《反垄断法》第十五条规定条件的垄断协议，依法予以豁免。

根据《反垄断法》第十三条第（六）项和第十四条第（三）项认定相关行为是否构成垄断协议时，可以考虑平台相关市场竞争状况、平台经营者及平台内经营者的市场力量、对其他经营者进入相关市场的阻碍程度、对创新的影响等因素。

第五条 垄断协议的形式

平台经济领域垄断协议是指经营者排除、限制竞争的协议、决定或者其他协同行为。协议、决定可以是书面、口头等形式。其他协同行为是指经营者虽未明确订立协议或者决定，但通过数据、算法、平台规则或者其他方式实质上存在协调一致的行为，有关经营者基于独立意思表示所作出的价格跟随等平行行为除外。

第六条 横向垄断协议

具有竞争关系的平台经济领域经营者可能通过下列方式达成固定价格、分割市场、限制产（销）量、限制新技术（产品）、联合抵制交易等横向垄断协议：

（一）利用平台收集并且交换价格、销量、成本、客户等敏感信息；

（二）利用技术手段进行意思联络；

（三）利用数据、算法、平台规则等实现协调一致行为；

（四）其他有助于实现协同的方式。

本指南所称价格，包括但不限于商品价格以及经营者收取的佣金、手续费、会员费、推广费等服务收费。

第七条 纵向垄断协议

平台经济领域经营者与交易相对人可能通过下列方式达成固定转售价格、限定最低转售价格等纵向垄断协议：

（一）利用技术手段对价格进行自动化设定；

（二）利用平台规则对价格进行统一；

（三）利用数据和算法对价格进行直接或者间接限定；

（四）利用技术手段、平台规则、数据和算法等方式限定其他交易条件，排除、限制市场竞争。

平台经营者要求平台内经营者在商品价格、数量等方面向其提供等于或者优于其他竞争性平台的交易条件的行为可能构成垄断协议，也可能构成滥用市场支配地位行为。

分析上述行为是否构成《反垄断法》第十四条第（三）项规定的纵向垄断协议，可以综合考虑平台经营者的市场力量、相关市场竞争状况、对其他经营者进入相关市场的阻碍程度、对消费者利益和创新的影响等因素。

第八条　轴辐协议

具有竞争关系的平台内经营者可能借助与平台经营者之间的纵向关系，或者由平台经营者组织、协调，达成具有横向垄断协议效果的轴辐协议。分析该协议是否属于《反垄断法》第十三条、第十四条规制的垄断协议，可以考虑具有竞争关系的平台内经营者之间是否利用技术手段、平台规则、数据和算法等方式，达成、实施垄断协议，排除、限制相关市场竞争。

第九条　协同行为的认定

认定平台经济领域协同行为，可以通过直接证据判定是否存在协同行为的事实。如果直接证据较难获取，可以根据《禁止垄断协议暂行规定》第六条规定，按照逻辑一致的间接证据，认定经营者对相关信息的知悉状况，判定经营者之间是否存在协同行为。经营者可以提供相反证据证明其不存在协同行为。

第十条　宽大制度

反垄断执法机构鼓励参与横向垄断协议的平台经济领域经营者主动报告横向垄断协议有关情况并提供重要证据，同时停止涉嫌违法行为并配合调查。对符合宽大适用条件的经营者，反垄断执法机构可以减轻或者免除处罚。

经营者申请宽大的具体标准和程序等，适用《禁止垄断协议暂行规定》和《国务院反垄断委员会横向垄断协议案件宽大制度适用指南》。

第三章 滥用市场支配地位

《反垄断法》禁止具有市场支配地位的经营者从事滥用市场支配地位行为。认定平台经济领域的滥用市场支配地位行为，适用《反垄断法》第三章和《禁止滥用市场支配地位行为暂行规定》。通常情况下，首先界定相关市场，分析经营者在相关市场是否具有支配地位，再根据个案情况具体分析是否构成滥用市场支配地位行为。

第十一条 市场支配地位的认定

反垄断执法机构依据《反垄断法》第十八条、第十九条规定，认定或者推定经营者具有市场支配地位。结合平台经济的特点，可以具体考虑以下因素：

（一）经营者的市场份额以及相关市场竞争状况。确定平台经济领域经营者市场份额，可以考虑交易金额、交易数量、销售额、活跃用户数、点击量、使用时长或者其他指标在相关市场所占比重，同时考虑该市场份额持续的时间。

分析相关市场竞争状况，可以考虑相关平台市场的发展状况、现有竞争者数量和市场份额、平台竞争特点、平台差异程度、规模经济、潜在竞争者情况、创新和技术变化等。

（二）经营者控制市场的能力。可以考虑该经营者控制上下游市场或者其他关联市场的能力，阻碍、影响其他经营者进入相关市场的能力，相关平台经营模式、网络效应，以及影响或者决定价格、流量或者其他交易条件的能力等。

（三）经营者的财力和技术条件。可以考虑该经营者的投资者情况、资产规模、资本来源、盈利能力、融资能力、技术创新和应用能力、拥有的知识产权、掌握和处理相关数据的能力，以及该财力和技术条件能够以何种程度促进该经营者业务扩张或者巩固、维持市场地位等。

（四）其他经营者对该经营者在交易上的依赖程度。可以考虑其他经营者与该经营者的交易关系、交易量、交易持续时间，锁定效应、用户黏性，以及其他经营者转向其他平台的可能性及转换成本等。

（五）其他经营者进入相关市场的难易程度。可以考虑市场准入、平台规模效应、资金投入规模、技术壁垒、用户多栖性、用户转换成本、数据获取的难易程度、用户习惯等。

（六）其他因素。可以考虑基于平台经济特点认定经营者具有市场支配地位的其他因素。

第十二条　不公平价格行为

具有市场支配地位的平台经济领域经营者，可能滥用市场支配地位，以不公平的高价销售商品或者以不公平的低价购买商品。分析是否构成不公平价格行为，可以考虑以下因素：

（一）该价格是否明显高于或者明显低于其他同类业务经营者在相同或者相似市场条件下同种商品或者可比较商品的价格；

（二）该价格是否明显高于或者明显低于该平台经济领域经营者在其他相同或者相似市场条件下同种商品或者可比较商品的价格；

（三）在成本基本稳定的情况下，该平台经济领域经营者是否超过正常幅度提高销售价格或者降低购买价格；

（四）该平台经济领域经营者销售商品提价幅度是否明显高于成本增长幅度，或者采购商品降价幅度是否明显低于成本降低幅度。

认定市场条件相同或者相似，一般可以考虑平台类型、经营模式、交易环节、成本结构、交易具体情况等因素。

第十三条　低于成本销售

具有市场支配地位的平台经济领域经营者，可能滥用市场支配地位，没有正当理由，以低于成本的价格销售商品，排除、限制市场竞争。

分析是否构成低于成本销售，一般重点考虑平台经济领域经营者是否以低于成本的价格排挤具有竞争关系的其他经营者，以及是否可能在将其他经营者排挤出市场后，提高价格获取不当利益、损害市场公平竞争和消费者合法权益等情况。

在计算成本时，一般需要综合考虑平台涉及多边市场中各相关市场之间的成本关联情况。

平台经济领域经营者低于成本销售可能具有以下正当理由：

（一）在合理期限内为发展平台内其他业务；

（二）在合理期限内为促进新商品进入市场；

（三）在合理期限内为吸引新用户；

（四）在合理期限内开展促销活动；

（五）能够证明行为具有正当性的其他理由。

第十四条　拒绝交易

具有市场支配地位的平台经济领域经营者，可能滥用其市场支配地位，无正当理由拒绝与交易相对人进行交易，排除、限制市场竞争。分析是否构成拒绝交易，可以考虑以下因素：

（一）停止、拖延、中断与交易相对人的现有交易；

（二）拒绝与交易相对人开展新的交易；

（三）实质性削减与交易相对人的现有交易数量；

（四）在平台规则、算法、技术、流量分配等方面设置不合理的限制和障碍，使交易相对人难以开展交易；

（五）控制平台经济领域必需设施的经营者拒绝与交易相对人以合理条件进行交易。

认定相关平台是否构成必需设施，一般需要综合考虑该平台占有数据情况、其他平台的可替代性、是否存在潜在可用平台、发展竞争性平台的可行性、交易相对人对该平台的依赖程度、开放平台对该平台经营者可能造成的影响等因素。

平台经济领域经营者拒绝交易可能具有以下正当理由：

（一）因不可抗力等客观原因无法进行交易；

（二）因交易相对人原因，影响交易安全；

（三）与交易相对人交易将使平台经济领域经营者利益发生不当减损；

（四）交易相对人明确表示或者实际不遵守公平、合理、无歧视的平台规则；

（五）能够证明行为具有正当性的其他理由。

第十五条　限定交易

具有市场支配地位的平台经济领域经营者，可能滥用市场支配地位，无正当理由对交易相对人进行限定交易，排除、限制市场竞争。分析是否构成限定交易行为，可以考虑以下因素：

（一）要求平台内经营者在竞争性平台间进行“二选一”，或者限定交易相对人与其进行独家交易的其他行为；

（二）限定交易相对人只能与其指定的经营者进行交易，或者通过其指定渠道等限定方式进行交易；

（三）限定交易相对人不得与特定经营者进行交易。

上述限定可能通过书面协议的方式实现，也可能通过电话、口头方式与交易相对人商定的方式实现，还可能通过平台规则、数据、算法、技术等方面的实际设置限制或者障碍的方式实现。

分析是否构成限定交易，可以重点考虑以下两种情形：一是平台经营者通过屏蔽店铺、搜索降权、流量限制、技术障碍、扣取保证金等惩罚性措施实施的限制，因对市场竞争和消费者利益产生直接损害，一般可以认定构成限定交易行为。二是平台经营者通过补贴、折扣、优惠、流量资源支持等激励性方式实施的限制，可能对平台内经营者、消费者利益和社会整体福利具有一定积极效果，但如果有证据证明对市场竞争产生明显的排除、限制影响，也可能被认定构成限定交易行为。

平台经济领域经营者限定交易可能具有以下正当理由：

（一）为保护交易相对人和消费者利益所必须；

（二）为保护知识产权、商业机密或者数据安全所必须；

（三）为保护针对交易进行的特定资源投入所必须；

（四）为维护合理的经营模式所必须；

（五）能够证明行为具有正当性的其他理由。

第十六条　搭售或者附加不合理交易条件

具有市场支配地位的平台经济领域经营者，可能滥用市场支配地位，无正当理由实施搭售或者附加不合理交易条件，排除、限制市场竞争。分析是否构成搭售或者附加不合理交易条件，可以考虑以下因素：

（一）利用格式条款、弹窗、操作必经步骤等交易相对人无法选择、更改、拒绝的方式，将不同商品进行捆绑销售；

（二）以搜索降权、流量限制、技术障碍等惩罚性措施，强制交易相对人接受其他商品；

（三）对交易条件和方式、服务提供方式、付款方式和手段、售后保障等附加不合理限制；

（四）在交易价格之外额外收取不合理费用；

（五）强制收集非必要用户信息或者附加与交易标的无关的交易条件、交易流程、服务项目。

平台经济领域经营者实施搭售可能具有以下正当理由：

（一）符合正当的行业惯例和交易习惯；

（二）为保护交易相对人和消费者利益所必须；

（三）为提升商品使用价值或者效率所必须；

（四）能够证明行为具有正当性的其他理由。

第十七条　差别待遇

具有市场支配地位的平台经济领域经营者，可能滥用市场支配地位，无正当理由对交易条件相同的交易相对人实施差别待遇，排除、限制市场竞争。分析是否构成差别待遇，可以考虑以下因素：

（一）基于大数据和算法，根据交易相对人的支付能力、消费偏好、使用习惯等，实行差异性交易价格或者其他交易条件；

（二）实行差异性标准、规则、算法；

（三）实行差异性付款条件和交易方式。

条件相同是指交易相对人之间在交易安全、交易成本、信用状况、所处交易环节、交易持续时间等方面不存在实质性影响交易的差别。平台在交易中获取的交易相对人的隐私信息、交易历史、个体偏好、消费习惯等方面存在的差异不影响认定交易相对人条件相同。

平台经济领域经营者实施差别待遇行为可能具有以下正当理由：

（一）根据交易相对人实际需求且符合正当的交易习惯和行业惯例，实行不同交易条件；

（二）针对新用户在合理期限内开展的优惠活动；

（三）基于平台公平、合理、无歧视的规则实施的随机性交易；

（四）能够证明行为具有正当性的其他理由。

第四章　经营者集中

《反垄断法》禁止经营者实施具有或者可能具有排除、限制竞争效果的集中。国务院反垄断执法机构依据《反垄断法》《国务院关于经营者集中申报标准的规定》和《经营者集中审查暂行规定》，对平台经济领域的经营者集中进行审查，并对违法实施的经营者集中进行调查处理。

第十八条　申报标准

在平台经济领域，经营者的营业额包括其销售商品和提供服务所获得的收入。根据行业惯例、收费方式、商业模式、平台经营者的作用等不同，营业额的计算可能有所区别。对于仅提供信息匹配、收取佣金等服务费的平台经营者，可以按照平台所收取的服务费及平台其他收入计算营业额；平台经营者具体参与平台一侧市场竞争或者发挥主导作用的，还可以计算平台所涉交易金额。

经营者集中达到国务院规定的申报标准的，经营者应当事先向国务院反垄断执法机构申报，未申报的不得实施集中。涉及协议控制架构的经营者集中，属于经营者集中反垄断审查范围。

第十九条　国务院反垄断执法机构主动调查

根据《国务院关于经营者集中申报标准的规定》第四条，经营者集中未达到申报标准，但按照规定程序收集的事实和证据表明该经营者集中具有或者可能具有排除、限制竞争效果的，国务院反垄断执法机构应当依法进行调查。

经营者可以就未达到申报标准的经营者集中主动向国务院反垄断执法机构申报。

国务院反垄断执法机构高度关注参与集中的一方经营者为初创企业或者新兴平台、参与集中的经营者因采取免费或者低价模式导致营业额较低、相关市场集中度较高、参与竞争者数量较少等类型的平台经济领域的经营者集中，对未达到申报标准但具有或者可能具有排除、限制竞争效果的，国务院反垄断执法机构将依法进行调查处理。

第二十条　考量因素

国务院反垄断执法机构将依据《反垄断法》第二十七条和《经营者集中审查暂行规定》第三章有关规定，评估平台经济领域经营者集中的竞争影响。结合平台经济的特点，可以具体考虑以下因素：

（一）经营者在相关市场的市场份额。计算市场份额，除以营业额为指标外，还可以考虑采用交易金额、交易数量、活跃用户数、点击量、使用时长或者其他指标在相关市场所占比重，并可以视情况对较长时间段内的市场份额进行综合评估，判断其动态变化趋势。

（二）经营者对市场的控制力。可以考虑经营者是否对关键性、稀缺性资源拥有独占权利以及该独占权利持续时间，平台用户黏性、多栖性，经营者掌握和处理数据的能力，对数据接口的控制能力，向其他市场渗透或者扩展的能力，经营者的盈利能力及利润率水平，技术创新的频率和速度、商品的生命周期、是否存在或者可能出现颠覆性创新等。

（三）相关市场的集中度。可以考虑相关平台市场的发展状况、现有竞争者数量和市场份额等。

（四）经营者集中对市场进入的影响。可以考虑市场准入情况，经营者获得技术、知识产权、数据、渠道、用户等必要资源和必需设施的难度，进入相关市场需要的资金投入规模，用户在费用、数据迁移、谈判、学习、搜索等各方面的转换成本，并考虑进入的可能性、及时性和充分性。

（五）经营者集中对技术进步的影响。可以考虑现有市场竞争者在技术和商业模式等创新方面的竞争，对经营者创新动机和能力的影响，对初创企业、新兴平台的收购是否会影响创新。

（六）经营者集中对消费者的影响。可以考虑集中后经营者是否有能力和动机以提高商品价格、降低商品质量、减少商品多样性、损害消费者选择能力和范围、区别对待不同消费者群体、不恰当使用消费者数据等方式损害消费者利益。

（七）国务院反垄断执法机构认为应当考虑的影响市场竞争的其他因素。包括对其他经营者的影响、对国民经济发展的影响等。

对涉及双边或者多边平台的经营者集中，可能需要综合考虑平台的双边或者多边业务，以及经营者从事的其他业务，并对直接和间接网络外部性进行评估。

第二十一条　救济措施

对于具有或者可能具有排除、限制竞争效果的经营者集中，国务院反垄断执法机构应当根据《反垄断法》第二十八条规定作出决定。对不予禁止的经营者集中，国务院反垄断执法机构可以决定附加以下类型的限制性条件：

（一）剥离有形资产，剥离知识产权、技术、数据等无形资产或者剥离相关权益等结构性条件；

（二）开放网络、数据或者平台等基础设施、许可关键技术、终止排他性协议、修改平台规则或者算法、承诺兼容或者不降低互操作性水平等行为性条件；

（三）结构性条件和行为性条件相结合的综合性条件。

第五章　滥用行政权力排除、限制竞争

《反垄断法》禁止行政机关和法律、法规授权的具有管理公共事务职能的组织滥用行政权力排除、限制竞争。对于平台经济领域的滥用行政权力排除、限制竞争行为，反垄断执法机构依法进行调查，并提出处理建议。

第二十二条　滥用行政权力排除、限制竞争行为表现

行政机关和法律、法规授权的具有管理公共事务职能的组织从事下列行为，排除、限制平台经济领域市场竞争，可能构成滥用行政权力排除、限制竞争行为：

（一）限定或者变相限定单位或者个人经营、购买、使用其指定的平台经济领域经营者提供的商品，或者其他经营者提供的与平台服务相关的商品；

（二）对外地平台经济领域经营者设定歧视性标准、实行歧视性政策，采取专门针对外地平台经济领域经营者的行政许可、备案，或者通过软件、互联网设置屏蔽等手段，阻碍、限制外地平台经济领域经营者进入本地市场，妨碍商品在地区之间的自由流通；

（三）以设定歧视性资质要求、评标评审标准或者不依法发布信息等方式，排斥或者限制外地平台经济领域经营者参加本地的招标采购活动；

（四）对外地平台经济领域经营者实行歧视性待遇，排斥、限制或者强制外地经营者在本地投资或者设立分支机构；

（五）强制或者变相强制平台经济领域经营者从事《反垄断法》规定的垄断行为；

（六）行政机关以规定、办法、决定、公告、通知、意见、会议

纪要等形式，制定、发布含有排除、限制竞争内容的市场准入、产业发展、招商引资、招标投标、政府采购、经营行为规范、资质标准等涉及平台经济领域市场主体经济活动的规章、规范性文件和其他政策性文件以及“一事一议”形式的具体政策措施。

第二十三条　公平竞争审查

行政机关和法律、法规授权的具有管理公共事务职能的组织制定涉及平台经济领域市场主体经济活动的规章、规范性文件、其他政策性文件以及“一事一议”形式的具体政策措施，应当按照国家有关规定进行公平竞争审查。

第六章　附　　则

第二十四条　指南的解释

本指南由国务院反垄断委员会解释，自发布之日起实施。

国务院反垄断委员会
关于知识产权领域的反垄断指南

（2019 年 1 月 4 日　国反垄发〔2019〕2 号）

第一章　总　　则

第一条　指南的目的和依据

反垄断与保护知识产权具有共同的目标，即保护竞争和激励创新，提高经济运行效率，维护消费者利益和社会公共利益。根据《中华人民共和国反垄断法》（下称《反垄断法》），经营者依照有关知识产权的法律、行政法规规定行使知识产权的行为，不适用《反垄断法》；但是，经营者滥用知识产权，排除、限制竞争的行为，适用《反垄断法》。

经营者滥用知识产权，排除、限制竞争的行为不是一种独立的垄断行为。经营者在行使知识产权或者从事相关行为时，达成或者实施垄断协议，滥用市场支配地位，或者实施具有或者可能具有排除、限制竞争效果的经营者集中，可能构成滥用知识产权排除、限制竞争的行为。为对滥用知识产权行为适用《反垄断法》提供指引，提高反垄断执法工作的透明度，根据《反垄断法》、《国务院反垄断委员会关于相关市场界定的指南》（下称《关于相关市场界定的指南》）等法律规定，制定本指南。

第二条　分析原则

分析经营者是否滥用知识产权排除、限制竞争，遵循以下基本原则：

（一）采用与其他财产性权利相同的规制标准，遵循《反垄断法》相关规定；

（二）考虑知识产权的特点；

（三）不因经营者拥有知识产权而推定其在相关市场具有市场支配地位；

（四）根据个案情况考虑相关行为对效率和创新的积极影响。

第三条　分析思路

分析经营者是否滥用知识产权排除、限制竞争，通常遵循以下思路：

（一）分析行为的特征和表现形式

经营者滥用知识产权，排除、限制竞争的行为，可能是行使知识产权的行为，也可能是与行使知识产权相关的行为。通常根据经营者行为的特征和表现形式，分析可能构成的垄断行为。

（二）界定相关市场

界定相关市场，通常遵循相关市场界定的基本依据和一般方法，同时考虑知识产权的特殊性。

（三）分析行为对市场竞争产生的排除、限制影响

分析行为对市场竞争产生的排除、限制影响，通常需要结合市场竞争状况，对具体行为进行分析。

（四）分析行为对创新和效率的积极影响

经营者行为对创新和效率可能产生积极影响，包括促进技术的传播利用、提高资源的利用效率等。分析上述积极影响，需考虑其是否满足本指南第六条规定的条件。

第四条　相关市场

知识产权既可以直接作为交易的标的，也可以被用于提供商品或者服务（以下统称商品）。通常情况下，需依据《关于相关市场界定的指南》界定相关市场。如果仅界定相关商品市场难以全面评估行为的竞争影响，可能需要界定相关技术市场。根据个案情况，还可以考虑行为对创新、研发等因素的影响。

相关技术市场是指由需求者认为具有较为紧密替代关系的一组或者一类技术所构成的市场。界定相关技术市场可以考虑以下因素：技术的属性、用途、许可费、兼容程度、所涉知识产权的期限、需求者转向其他具有替代关系技术的可能性及成本等。通常情况下，如果利用不同技术能够提供具有替代关系的商品，这些技术可能具有替代关系。在考虑一项技术与知识产权所涉技术是否具有替代关系时，不仅要考虑该技术目前的应用领域，还需考虑其潜在的应用领域。

界定相关市场，需界定相关地域市场并考虑知识产权的地域性。当相关交易涉及多个国家和地区时，还需考虑交易条件对相关地域市场界定的影响。

第五条　分析排除、限制竞争影响的考虑因素

（一）评估市场的竞争状况，可以考虑以下因素：行业特点与行业发展状况；主要竞争者及其市场份额；市场集中度；市场进入的难易程度；交易相对人的市场地位及对相关知识产权的依赖程度；相关技术更新、发展趋势及研发情况等。

计算经营者在相关技术市场的市场份额，可根据个案情况，考虑利用该技术生产的商品在相关市场的份额、该技术的许可费收入占相关技术市场总许可费收入的比重、具有替代关系技术的数量等。

（二）对具体行为进行分析，可以考虑以下因素：经营者之间的竞争关系；经营者的市场份额及其对市场的控制力；行为对产量、区域、消费者等方面产生限制的时间、范围和程度；行为设置或者提高市场进入壁垒的可能性；行为对技术创新、传播和发展的阻碍；行为对行业发展的阻碍；行为对潜在竞争的影响等。

判断经营者之间的竞争关系，根据个案情况，可以考虑在没有该行为的情况下，经营者是否具有实际或者潜在的竞争关系。

第六条 竞争积极影响需要满足的条件

通常情况下，经营者行为对创新和效率的积极影响需同时满足下列条件：

（一）该行为与促进创新、提高效率具有因果关系；

（二）相对于其他促进创新、提高效率的行为，在经营者合理商业选择范围内，该行为对市场竞争产生的排除、限制影响更小；

（三）该行为不会排除、严重限制市场竞争；

（四）该行为不会严重阻碍其他经营者的创新；

（五）消费者能够分享促进创新、提高效率所产生的利益。

第二章 可能排除、限制竞争的知识产权协议

涉及知识产权的协议，特别是联合研发、交叉许可等，通常具有激励创新、促进竞争的效果，不同的协议类型产生的积极影响有所不同。但是，涉及知识产权的协议也可能对市场竞争产生排除、限制影响，适用《反垄断法》第二章规定。

第七条 联合研发

联合研发是指经营者共同研发技术、产品等，及利用研发成果的行为。联合研发通常可以节约研发成本，提高研发效率，但是也

可能对市场竞争产生排除、限制影响，分析时可以考虑以下因素：

（一）是否限制经营者在与联合研发无关的领域独立或者与第三方合作进行研发；

（二）是否限制经营者在联合研发完成后进行后续研发；

（三）是否限定经营者在与联合研发无关的领域研发的新技术或者新产品所涉知识产权的归属和行使。

第八条　交叉许可

交叉许可是指经营者将各自拥有的知识产权相互许可使用。交叉许可通常可以降低知识产权许可成本，促进知识产权实施，但是也可能对市场竞争产生排除、限制影响，分析时可以考虑以下因素：

（一）是否为排他性许可；

（二）是否构成第三方进入市场的壁垒；

（三）是否排除、限制下游市场的竞争；

（四）是否提高了相关商品的成本。

第九条　排他性回授和独占性回授

回授是指被许可人将其利用被许可的知识产权所作的改进，或者通过使用被许可的知识产权所获得的新成果授权给许可人。回授通常可以推动对新成果的投资和运用，但是排他性回授和独占性回授可能降低被许可人的创新动力，对市场竞争产生排除、限制影响。

如果仅有许可人或者其指定的第三方和被许可人有权实施回授的改进或者新成果，这种回授是排他性的。如果仅有许可人或者其指定的第三方有权实施回授的改进或者新成果，这种回授是独占性的。通常情况下，独占性回授比排他性回授排除、限制竞争的可能性更大。分析排他性回授和独占性回授对市场竞争产生的排除、限制影响时可以考虑以下因素：

（一）许可人是否就回授提供实质性的对价；

（二）许可人与被许可人在交叉许可中是否相互要求独占性回授或者排他性回授；

（三）回授是否导致改进或者新成果向单一经营者集中，使其获得或者增强市场控制力；

（四）回授是否影响被许可人进行改进的积极性。

如果许可人要求被许可人将上述改进或者新成果转让给许可人，或者其指定的第三方，分析该行为是否排除、限制竞争，同样考虑上述因素。

第十条　不质疑条款

不质疑条款是指在与知识产权许可相关的协议中，许可人要求被许可人不得对其知识产权有效性提出异议的一类条款。分析不质疑条款对市场竞争产生的排除、限制影响，可以考虑以下因素：

（一）许可人是否要求所有的被许可人不质疑其知识产权的有效性；

（二）不质疑条款涉及的知识产权许可是否有偿；

（三）不质疑条款涉及的知识产权是否可能构成下游市场的进入壁垒；

（四）不质疑条款涉及的知识产权是否阻碍其他竞争性知识产权的实施；

（五）不质疑条款涉及的知识产权许可是否具有排他性；

（六）被许可人质疑许可人知识产权的有效性是否可能因此遭受重大损失。

第十一条　标准制定

本指南所称标准制定，是指经营者共同制定或参与制定在一定范围内统一实施的涉及知识产权的标准。标准制定有助于实现不同产品之间的通用性，降低成本，提高效率，保证产品质量。但是，具有竞争关系的经营者共同参与标准制定可能排除、限制竞争，具体分析时可以考虑以下因素：

（一）是否没有正当理由，排除其他特定经营者；

（二）是否没有正当理由，排斥特定经营者的相关方案；

（三）是否约定不实施其他竞争性标准；

（四）对行使标准中所包含的知识产权是否有必要、合理的约束机制。

第十二条　其他限制

经营者许可知识产权，还可能涉及下列限制：

（一）限制知识产权的使用领域；

（二）限制利用知识产权提供的商品的销售或传播渠道、范围或者对象；

（三）限制经营者利用知识产权提供的商品数量；

（四）限制经营者使用具有竞争关系的技术或者提供具有竞争关系的商品。

上述限制通常具有商业合理性，能够提高效率，促进知识产权实施，但是也可能对市场竞争产生排除、限制影响，分析时可以考虑以下因素：

（一）限制的内容、程度及实施方式；

（二）利用知识产权提供的商品的特点；

（三）限制与知识产权许可条件的关系；

（四）是否包含多项限制；

（五）如果其他经营者拥有的知识产权涉及具有替代关系的技术，其他经营者是否实施相同或者类似的限制。

第十三条　安全港规则

为了提高执法效率，给市场主体提供明确的预期，设立安全港规则。安全港规则是指，如果经营者符合下列条件之一，通常不将其达成的涉及知识产权的协议认定为《反垄断法》第十三条第一款第六项和第十四条第三项规定的垄断协议，但是有相反的证据证明该协议对市场竞争产生排除、限制影响的除外。

（一）具有竞争关系的经营者在相关市场的市场份额合计不超过20%；

（二）经营者与交易相对人在受到涉及知识产权的协议影响的任一相关市场上的市场份额均不超过30%；

（三）如果经营者在相关市场的份额难以获得，或者市场份额不能准确反映经营者的市场地位，但在相关市场上除协议各方控制的技术外，存在四个或者四个以上能够以合理成本得到的由其他经营者独立控制的具有替代关系的技术。

第三章 涉及知识产权的滥用市场支配地位行为

认定涉及知识产权的滥用市场支配地位行为，适用《反垄断法》第三章规定。通常情况下，首先界定相关市场，认定经营者在相关市场是否具有市场支配地位，再根据个案情况，具体分析行为是否构成滥用知识产权，排除、限制竞争的行为。

第十四条 知识产权与市场支配地位的认定

经营者拥有知识产权，并不意味着其必然具有市场支配地位。认定拥有知识产权的经营者在相关市场上是否具有支配地位，应依据《反垄断法》第十八条、第十九条规定的认定或者推定经营者具有市场支配地位的因素和情形进行分析，结合知识产权的特点，还可具体考虑以下因素：

（一）交易相对人转向具有替代关系的技术或者商品等的可能性及转换成本；

（二）下游市场对利用知识产权所提供的商品的依赖程度；

（三）交易相对人对经营者的制衡能力。

第十五条 以不公平的高价许可知识产权

具有市场支配地位的经营者，可能滥用其市场支配地位，以不公平的高价许可知识产权，排除、限制竞争。分析其是否构成滥用市场支配地位行为，可以考虑以下因素：

（一）许可费的计算方法，及知识产权对相关商品价值的贡献；

（二）经营者对知识产权许可作出的承诺；

（三）知识产权的许可历史或者可比照的许可费标准；

（四）导致不公平高价的许可条件，包括超出知识产权的地域范围或者覆盖的商品范围收取许可费等；

（五）在一揽子许可时是否就过期或者无效的知识产权收取许可费。

分析经营者是否以不公平的高价许可标准必要专利，还可考虑符合相关标准的商品所承担的整体许可费情况及其对相关产业正常发展的影响。

第十六条　拒绝许可知识产权

拒绝许可是经营者行使知识产权的一种表现形式，一般情况下，经营者不承担与竞争对手或者交易相对人进行交易的义务。但是，具有市场支配地位的经营者，没有正当理由拒绝许可知识产权，可能构成滥用市场支配地位行为，排除、限制竞争。具体分析时，可以考虑以下因素：

（一）经营者对该知识产权许可做出的承诺；

（二）其他经营者进入相关市场是否必须获得该知识产权的许可；

（三）拒绝许可相关知识产权对市场竞争和经营者进行创新的影响及程度；

（四）被拒绝方是否缺乏支付合理许可费的意愿和能力等；

（五）经营者是否曾对被拒绝方提出过合理要约；

（六）拒绝许可相关知识产权是否会损害消费者利益或者社会公共利益。

第十七条　涉及知识产权的搭售

涉及知识产权的搭售，是指知识产权的许可、转让，以经营者接受其他知识产权的许可、转让，或者接受其他商品为条件。知识产权的一揽子许可也可能是搭售的一种形式。具有市场支配地位的经营者，没有正当理由，可能通过上述搭售行为，排除、限制竞争。

分析涉及知识产权的搭售是否构成滥用市场支配地位行为，可以考虑以下因素：

（一）是否违背交易相对人意愿；

（二）是否符合交易惯例或者消费习惯；

（三）是否无视相关知识产权或者商品的性质差异及相互关系；

（四）是否具有合理性和必要性，如为实现技术兼容、产品安全、产品性能等所必不可少的措施等；

（五）是否排除、限制其他经营者的交易机会；

（六）是否限制消费者的选择权。

第十八条　涉及知识产权的附加不合理交易条件

具有市场支配地位的经营者，没有正当理由，在涉及知识产权的交易中附加下列交易条件，可能产生排除、限制竞争效果：

（一）要求进行独占性回授或者排他性回授；

（二）禁止交易相对人对其知识产权的有效性提出质疑，或者禁止交易相对人对其提起知识产权侵权诉讼；

（三）限制交易相对人实施自有知识产权，限制交易相对人利用或者研发具有竞争关系的技术或者商品；

（四）对期限届满或者被宣告无效的知识产权主张权利；

（五）在不提供合理对价的情况下要求交易相对人与其进行交叉许可；

（六）迫使或者禁止交易相对人与第三方进行交易，或者限制交易相对人与第三方进行交易的条件。

第十九条　涉及知识产权的差别待遇

在涉及知识产权的交易中，具有市场支配地位的经营者，没有正当理由，可能对条件实质相同的交易相对人实施不同的许可条件，排除、限制竞争。分析经营者实行的差别待遇是否构成滥用市场支配地位行为，可以考虑以下因素：

（一）交易相对人的条件是否实质相同，包括相关知识产权的使用范围、不同交易相对人利用相关知识产权提供的商品是否存在替代关系等；

（二）许可条件是否实质不同，包括许可数量、地域和期限等。除分析许可协议条款外，还需综合考虑许可人和被许可人之间达成的其他商业安排对许可条件的影响；

（三）该差别待遇是否对被许可人参与市场竞争产生显著不利影响。

第四章　涉及知识产权的经营者集中

涉及知识产权的经营者集中有一定特殊性，主要体现在构成经营者集中的情形、审查的考虑因素和附加限制性条件等方面。审查涉及知识产权的经营者集中，适用《反垄断法》第四章规定。

第二十条　涉及知识产权的交易可能构成经营者集中的情形

经营者通过涉及知识产权的交易取得对其他经营者的控制权或者能够对其他经营者施加决定性影响，可能构成经营者集中。其中，分析知识产权转让或许可构成经营者集中情形时，可以考虑以下因素：

（一）知识产权是否构成独立业务；

（二）知识产权在上一会计年度是否产生了独立且可计算的营业额；

（三）知识产权许可的方式和期限。

第二十一条　涉及知识产权的经营者集中审查

如果涉及知识产权的安排是集中交易的实质性组成部分或者对交易目的的实现具有重要意义，在经营者集中审查过程中，考虑《反垄断法》第二十七条规定的因素，同时考虑知识产权的特点。

第二十二条　涉及知识产权的限制性条件类型

涉及知识产权的限制性条件包括结构性条件、行为性条件和综合性条件。附加涉及知识产权的限制性条件，通常根据个案情况，针对经营者集中具有或可能具有的排除、限制竞争效果，对限制性条件建议进行评估后确定。

第二十三条　涉及知识产权的结构性条件

经营者可以提出剥离知识产权或者知识产权所涉业务的限制性条件建议。经营者通常需确保知识产权受让方拥有必要的资源、能力并有意愿通过使用被剥离的知识产权或者从事所涉业务参与市场竞争。剥离应有效、可行、及时，以避免市场的竞争状况受到影响。

第二十四条　涉及知识产权的行为性条件

涉及知识产权的行为性条件根据个案情况确定，限制性条件建议可能涉及以下内容：

（一）知识产权许可；

（二）保持知识产权相关业务的独立运营，相关业务应具备在一定期间内进行有效竞争的条件；

（三）对知识产权许可条件进行约束，包括要求经营者在实施专利许可时遵守公平、合理、无歧视义务，不进行搭售等，经营者通常需通过具体安排确保其遵守该义务；

（四）收取合理的许可使用费，经营者通常应详细说明许可费率的计算方法、许可费的支付方式、公平的谈判条件和机会等。

第二十五条　涉及知识产权的综合性条件

经营者可将结构性条件和行为性条件相结合，提出涉及知识产权的综合性限制性条件建议。

第五章　涉及知识产权的其他情形

一些涉及知识产权的情形可能构成不同类型的垄断行为，也可能涉及特定主体，可根据个案情况进行分析，适用《反垄断法》的相关规定。

第二十六条　专利联营

专利联营，是指两个或者两个以上经营者将各自的专利共同许可给联营成员或者第三方。专利联营各方通常委托联营成员或者独立第三方对联营进行管理。联营具体方式包括达成协议，设立公司或者其他实体等。

专利联营一般可以降低交易成本，提高许可效率，具有促进竞争的效果。但是，专利联营也可能排除、限制竞争，具体分析时可以考虑以下因素：

（一）经营者在相关市场的市场份额及其对市场的控制力；

（二）联营中的专利是否涉及具有替代关系的技术；

（三）是否限制联营成员单独对外许可专利或研发技术；

（四）经营者是否通过联营交换商品价格、产量等信息；

（五）经营者是否通过联营进行交叉许可、独占性回授或者排他性回授、订立不质疑条款及实施其他限制等；

（六）经营者是否通过联营以不公平高价许可专利、搭售、附加不合理交易条件或者实行差别待遇等。

第二十七条　标准必要专利涉及的特殊问题

标准必要专利是指实施某项标准必不可少的专利。认定拥有标准必要专利的经营者是否具有市场支配地位，应依据本指南第十四条进行分析，同时还可以考虑以下因素：

（一）标准的市场价值、应用范围和程度；

（二）是否存在具有替代关系的标准或者技术，包括使用具有替代关系标准或者技术的可能性和转换成本；

（三）行业对相关标准的依赖程度；

（四）相关标准的演进情况与兼容性；

（五）纳入标准的相关技术被替换的可能性。

拥有市场支配地位的标准必要专利权人通过请求法院或者相关部门作出或者颁发禁止使用相关知识产权的判决、裁定或者决定，迫使被许可人接受其提出的不公平高价许可费或者其他不合理的许可条件，可能排除、限制竞争。具体分析时，可以考虑以下因素：

（一）谈判双方在谈判过程中的行为表现及其体现出的真实意愿；

（二）相关标准必要专利所负担的有关承诺；

（三）谈判双方在谈判过程中所提出的许可条件；

（四）请求法院或者相关部门作出或者颁发禁止使用相关知识产权的判决、裁定或者决定对许可谈判的影响；

（五）请求法院或者相关部门作出或者颁发禁止使用相关知识产权的判决、裁定或者决定对下游市场竞争和消费者利益的影响。

第二十八条　著作权集体管理

著作权集体管理通常有利于单个著作权人权利的行使，降低个人维权以及用户获得授权的成本，促进作品的传播和著作权保护。但是，著作权集体管理组织在开展活动过程中，有可能滥用知识产权，排除、限制竞争。具体分析时，可以根据行为的特征和表现形式，认定可能构成的垄断行为并分析相关因素。

国务院反垄断委员会
关于汽车业的反垄断指南

（2019年1月4日　国反垄发〔2019〕2号）

第一章　总　　则

第一条　指南的目的和依据

汽车业是国民经济的重要支柱产业，在促进经济增长、技术创新、就业与社会发展等方面发挥着重要作用。公平竞争是发挥市场配置资源的决定性作用、促进汽车业健康发展、维护消费者利益和社会公共利益的重要保障。为预防和制止汽车业垄断行为，降低行政执法和经营者合规成本，推进科学、有效的反垄断监管，根据

《中华人民共和国反垄断法》（下称《反垄断法》）、《国务院反垄断委员会关于相关市场界定的指南》（下称《关于相关市场界定的指南》）、《关于经营者集中申报标准的规定》等法律规定，制定本指南。

第二条　相关概念

（一）汽车，是指由动力驱动、具有四个或四个以上车轮的非轨道承载的车辆，主要用于载运人员和/或货物、牵引载运人员和/或货物的车辆、特殊用途，分为乘用车和商用车两大类。乘用车和商用车的进一步分类，参见国家相关标准（GB/T3730.1《汽车和挂车类型的术语和定义》）。

（二）新能源汽车，是指采用新型动力系统，完全或主要依靠新型能源驱动的汽车，主要包括纯电动汽车、插电式混合动力（含增程式）汽车及燃料电池汽车等。

（三）二手车，是指从办理完注册登记手续至达到国家强制报废标准之前进行交易并转移所有权的汽车。

（四）汽车供应商，是指为经销商提供汽车资源的经营者，包括：汽车制造商、接受汽车制造商转让销售环节权益并进行分销的经营者、从境外进口汽车的经营者。

（五）配件供应商，是指生产或提供汽车初装零部件和售后配件的经营者。

（六）汽车经销商，是指从事汽车经销与服务的经营者。在实务中，汽车经销商可以同时承担汽车维修商的角色，但汽车销售和售后服务环节也可以相互分离。

（七）售后服务商是指提供汽车维护、修理等服务的经营者。

（八）最终用户，就汽车而言，是指汽车所有人和其他对汽车拥有合法使用权的人（如汽车承租人）。就汽车售后配件及用品而言，包括：1. 购买该等产品的机动车所有人和其他对汽车拥有合法使用权的人；2. 将该等产品用于维修而非转售目的的售后服务商。

（九）汽车配件，按用途、品牌、供应渠道与质量等标准分类，包括初装零部件、双标件、售后配件、原厂配件、同质配件等。

初装零部件，是指用于生产组装新车的零部件。

双标件，是指同时标有汽车制造商和配件制造商商标、标识和零件代码的初装零部件和售后配件。

售后配件，是指安装于汽车、用来替换该汽车初装零部件的产品，包括汽车所必需的润滑剂等，但不包括燃料。

原厂配件，是指汽车供应商或者汽车供应商指定的第三方所提供的，使用汽车供应商品牌或汽车供应商指定品牌，按照汽车初装零部件规格和产品标准制造的售后配件。

同质配件，又称质量相当配件，是指质量不低于汽车初装零部件的售后配件，但不包括原厂配件。

（十）维修技术信息，是指汽车在使用过程中，为维持或恢复汽车出厂时的技术状况和工作能力，延长汽车使用寿命，确保汽车符合安全、环保使用要求所进行的汽车诊断、检测与维修作业必需的技术信息资料的总称。

第三条　相关市场

汽车业产业链长，上中下游业务类型多样，界定相关商品市场和地域市场应遵循《反垄断法》和《关于相关市场界定的指南》所确定的一般原则和方法，同时考虑汽车业的特点，结合个案具体分析。

（一）相关商品市场

汽车业相关商品市场界定的基本方法是替代性分析，在个案中界定相关商品市场时，可以基于商品的特征、用途、价格等因素进行需求替代分析，必要时进行供给替代分析。比如，汽车经销由批发和零售两个环节构成，批发由汽车供应商面向经销商，零售由经销商面向最终用户。根据个案具体情形，可能需要将汽车批发和零售分别界定为细分的相关商品市场；汽车经销市场还可以从需求替代和供给替代的角度进一步细分。汽车售后市场可以分为售后配件经销市场和售后维修保养市场，也可以根据替代性分析进一步界定。

（二）相关地域市场

汽车业相关地域市场界定的基本方法同样是替代性分析，以下以乘用车为例进行分析：

从供给替代的角度看，乘用车制造市场很大程度上是全球化的。但从需求替代的角度看，各国竞争环境（技术和贸易壁垒、机动车税费、经销体系、价格、竞争者市场渗透度等）存在显著差异，因此乘用车制造市场可以界定为国别市场。

对于乘用车经销市场，一般来说汽车供应商在全国范围内开展批发业务，因此可以将乘用车批发的地域市场界定为国别市场。在零售层面，由于汽车牌照、汽车通行、售后服务、保修条款等种种限制，并考虑到选购汽车的时间、交通等成本因素，最终用户未必能够去外地购车，乘用车零售市场可以界定为省级或地区性市场。

（三）相关市场界定在各类垄断案件中的作用

由于案件性质与评估路径的差异，不同类型垄断案件中相关市场界定的作用不尽相同。垄断协议和滥用市场支配地位案件均关注已发生的限制竞争行为。当竞争者之间达成固定价格、分割市场、限制产量等横向垄断协议，实务中通常没有必要明确界定相关市场，但对于滥用市场支配地位案件，相关市场界定通常是认定滥用市场支配地位行为的第一步。

此外，应认识到相关市场界定在横向协议和纵向协议竞争评估中的作用。当根据《反垄断法》第十五条主张协议不适用第十三条或第十四条的规定时，经营者需要证明其协议符合第十五条规定的条件。除“为保障对外贸易和对外经济合作中的正当利益的”等情形，“证明所达成的协议不会严重限制相关市场的竞争”是第十五条规定的条件之一，相关市场界定因而成为经营者证明其协议符合法定豁免的必要步骤。

第二章　垄断协议

《反垄断法》第十三条禁止横向垄断协议，第十四条禁止纵向垄断协议，第十五条规定了垄断协议的豁免情形和条件。根据《反垄断法》第十五条，经营者主张协议不适用《反垄断法》第十三条或第十四条，首先需要证明协议属于第十五条第一款列出的情形之一；其次，除“为保障对外贸易和对外经济合作中的正当利益的”和“法律和国务院规定的其他情形”，经营者还应当证明协议不会严重限制相关市场的竞争，并且能够使消费者分享由此产生的利益。

为证明协议不会严重限制相关市场的竞争，经营者可以评估其在相关市场的市场力量。评估经营者的市场力量，可以参考《反垄断法》第十八条所列举的各项因素。

评估一项协议是否能够使消费者分享由此产生的利益，可以从价格降低、质量提高、技术创新、技术升级、产品和服务的更多选择等角度加以考察。

第四条　豁免

（一）推定豁免

为降低行政执法成本和经营者合规成本，本指南列出了不具有显著市场力量的经营者设置的纵向地域限制和客户限制若干情形，可以推定适用《反垄断法》第十五条的规定。执法实践和理论研究证明，该等情形通常能够提高经销服务质量、增进经销效率、增强中小经销商经营效率和竞争力，一般不会严重限制相关市场的竞争，并且能够使消费者分享由此产生的利益，因而符合《反垄断法》第十五条规定的条件。

评估经营者是否具有显著市场力量，设置一个固定的市场份额标准并不必然具有合理性与科学性。但是，以纵向协议的竞争评估为例，执法实践和理论研究表明，在相关市场占有30%以下市场份额的经营者有可能被推定为不具有显著市场力量。

但是，市场份额标准不应被僵化运用。根据个案具体情形，如果有证据能够证明经营者的行为不符合《反垄断法》第十五条规定，国务院反垄断执法机构（下称执法机构）仍然可以对相关行为适用《反垄断法》第十四条。

（二）个案豁免

除本指南列出的可以推定适用《反垄断法》第十五条的情形之外，经营者如果主张其协议可以适用《反垄断法》第十五条，需要根据个案具体情形证明其协议符合《反垄断法》第十五条的法定条件，判断其协议能否被个案豁免。

第五条　汽车业横向垄断协议

（一）某些类型的横向协议，如研究与开发协议、专业化协议、技术标准化协议、联合生产协议、联合采购协议等，通常能够增进效率和促进竞争，有利于增加消费者福利。比如新能源汽车研发与生产过程中的横向协议，可以使经营者分担投资风险、提高效率、促进社会公共利益。因此，达成前述能够增进效率和促进竞争的横向协议的汽车业经营者，可以根据《反垄断法》第十五条证明其协议不适用《反垄断法》第十三条规定。

（二）关于横向垄断协议的竞争分析，汽车业与其他行业并无显著差别，因此本指南不再进一步细化。关于汽车业横向垄断协议的反垄断规制，由执法机构根据《反垄断法》等相关法律规定依法处理。

第六条　汽车业纵向垄断协议

分析和评估纵向垄断协议，需要首先判断一项协议是否构成《反垄断法》第十四条所禁止的协议。其次，评估该协议能否根据《反垄断法》第十五条适用推定豁免。如果该协议不能被推定豁免，则需要评估该协议能否被个案豁免。

（一）协议的形式

纵向垄断协议可以表现为直接限制，比如合同条款规定经销商的转售价格；也可以表现为间接限制，比如固定经销商的利润率和折扣水平，通过实施价格监测对不遵守建议价的经销商取消返利、拒绝供货或提前解除授权协议等。

在中国汽车市场上，纵向垄断协议可能体现在经销商协议，也可能通过商务政策、通函、资讯、通知等形式达成。通常情形下，单个经营者实施纵向垄断协议会限制品牌内竞争，损害消费者利益。特别是当相关市场上多数甚至全部经营者均采用相似纵向垄断协议，各类纵向限制形成网络，全面覆盖相关市场，品牌间竞争将被明显削弱。相似纵向协议导致的累积效果能够显著限制相关市场的竞争，使相关产品和服务在竞争水平之上定价，最终导致消费者福利损失。

（二）固定转售价和限定最低转售价

《反垄断法》第十四条明确禁止固定转售价和限定最低转售价。转售价格限制的负面效应主要表现在维持高价、促进横向共谋、削弱品牌间竞争和品牌内竞争、排斥竞争者等方面。

当然，如果经营者能够证明该等价格限制不会严重限制相关市场竞争，并且能够使消费者分享由此产生的利益，经营者可以根据《反垄断法》第十五条规定对固定转售价和限定最低转售价主张个案豁免。

在实务中，汽车业经营者基于《反垄断法》第十五条主张个案豁免的转售价格限制的常见情形包括：

1. 新能源汽车的短期转售价格限制。为节约能源、保护环境、避免“服务搭便车”，新能源汽车的短期（现阶段为9个月以内，从汽车供应商就具体车型发出第一张批售发票之日起算，并可以根据新能源汽车产业和技术发展对豁免期进行调整）的固定转售价和限定最低转售价对于激励经销商努力推广新能源产品，加大销售力度，扩大市场对新产品的需求是必要的，进而能够促进新产品成功上市，给予消费者更多选择。

2. 仅承担中间商角色的经销商销售中的转售价格限制。仅承担中间商角色的经销商销售是指汽车供应商与特定第三人或特定终端客户（如：汽车供应商和经销商的员工、大客户、广告及赞助对象等）直接协商达成销售价，仅通过经销商完成交车、收款、开票等交易环节的销售。在该等交易中，经销商仅承担中间商的角色协助完成交易，与一般意义的经销商有所不同。

3. 政府采购中的转售价格限制。在实务中，政府采购项目通常要求参加联合投标的汽车供应商与其经销商协调后提供一致或固定的零售价格报价。对于全国范围的采购项目，政府采购部门有时与汽车供应商直接接洽，汽车供应商没有销售资质的，需要与特定经销商就零售价格达成一致，以实现对政府采购的报价。与仅承担中间商角色的经销商销售类似，政府采购中的经销商如果仅协助完成交易，则与一般意义的经销商有所不同。

4. 汽车供应商电商销售中的转售价格限制。电商销售中的定价行为适用《反垄断法》等法律规定。但是，实务中存在汽车供应商通过电商平台在一定时期以统一价格销售汽车，与不特定的最终用户直接达成交易，仅通过经销商完成交车、收款、开票等交易环节的销售。在此种情况下，经销商如果仅协助完成交易，则与一般意义的经销商有所不同。

（三）建议价、指导价和限定最高价

汽车供应商对经销商和维修商设置转售汽车与汽车售后配件及用品的建议价、指导价或最高价，以及对经销商和维修商设置售后服务工时费的建议价、指导价或最高价，如果由于协议一方的压力或激励，建议价、指导价或最高价被多数或全部经销商所执行，在实质效果上等同于固定转售价或限定最低转售价时，根据个案具体情形，该等行为有可能被认定为固定转售价或限定最低转售价。

（四）地域限制和客户限制

地域限制是指供应商承诺在特定经销区域对一个或若干经销商供货，经销商承诺不向其他经销区域销售。客户限制是指供应商限定经销商只能将商品售予或不得售予特定客户。

地域限制和客户限制可能削弱品牌内竞争、分割市场、形成价格歧视。有效实施的地域限制和客户限制导致其他经销商难以获得供货，阻碍更有效率的新型经销模式的推广，使商品和服务价格维持在高位。但是，有时地域限制和客户限制也能够提高经销效率，比如，在经销商需要为保护和建立品牌形象进行特定投资时，地域限制能产生显著的效率。

1. 不具有显著市场力量的汽车业经营者设置的具有经济效率和正当化理由的地域限制和客户限制，通常能够符合《反垄断法》第十五条的规定，可以推定适用《反垄断法》第十五条。前述情形主要包括：

（1）约定经销商仅在其营业场所进行经销活动，但不限制该经销商的被动销售，也不限制授权经销商之间交叉供货。

被动销售，是指经销商未主动营销，但应个别客户的要求，向该客户交付商品或服务。比如，甲地消费者到乙地购车的行为即为乙地经销商的被动销售。

相对于传统销售方式，电商销售面向更广大、更多样的客户。如果一个客户浏览经销商网站或第三方网站并联络该经销商，且该联络产生了一笔销售交易，这笔销售将被视为被动销售。对于经销商通过其自有或第三方网站向不特定受众发出的信息，如果客户主动选择接受（如在线订阅经销商的推广信息）并主动接洽经销商而产生一笔销售交易，该交易将被视为经销商的被动销售。但是，如果经销商向特定受众发出广告或促销信息，则该等行为将构成主动销售。

（2）限制经销商对汽车供应商为另一经销商保留的独占地域或专有客户进行主动销售；

（3）限制批发商直接向最终用户进行销售；

（4）为避免配件被客户用于生产与汽车供应商相同的产品，限制经销商向该类客户销售配件。

2. 通常能够限制竞争、导致高价并减少消费者选择的地域限制和客户限制，不能推定适用《反垄断法》第十五条的规定，包括但不限于：

（1）限制经销商的被动销售；

（2）限制经销商之间交叉供货；

（3）限制经销商和维修商向最终用户销售汽车维修服务所需配件。

（五）通过质量担保条款对售后维修服务和配件流通施加间接的纵向限制

对在质量担保范围内的维修保养工作和替换配件，汽车供应商通常要求汽车最终用户到授权维修网络使用原厂配件完成维修保养工作。但是，如果汽车供应商与汽车经销商、汽车维修商达成协议，通过质量担保条款对售后服务和售后配件流通间接施加不合理的纵向限制，能够排斥独立维修商，减少配件供应和经销渠道，最终提高汽车维修保养服务的价格。

上述不合理的纵向限制情形包括但不限于：

1. 汽车供应商以汽车最终用户将不在质量担保范围的维修保养工作全部交由授权维修网络完成，作为汽车供应商履行质量担保责任的条件；

2. 对不在质量担保范围的配件，汽车供应商要求汽车经销商、汽车维修商使用原厂配件作为其履行质量担保责任的条件；

3. 汽车供应商没有正当理由，限制其维修网络对平行进口车提供售后维修保养服务。

（六）有关经销商和维修商销售与服务能力的其他纵向限制

汽车供应商通过协议和商务政策等实施的下述纵向限制，有可能不当限制经销商和维修商的销售与服务能力，如果导致排除、限制竞争效果，提高汽车经销和维修渠道的价格，损害消费者利益，则相关协议和商务政策可能被认定为《反垄断法》所规制的纵向垄断协议。

1. 汽车供应商向经销商或维修商强制搭售其未订购的汽车、售后配件、精品、耗材、修理工具、检测仪器等，有可能导致搭卖品的排他购买义务，因而排除、限制搭卖品市场的竞争；

2. 汽车供应商强制经销商或维修商接受不合理的汽车或售后配件销售目标、库存品种和数量。

供应商和经销商之间可以通过平等协商约定合同产品的销售目标、库存品种和数量。但是，供应商单方制定并强制经销商接受不合理的销售目标、库存品种和数量，有可能导致经销商承担合同产品的排他购买义务，因而排除、限制相关市场的竞争。

3. 汽车供应商强制要求经销商承担以汽车供应商名义开展的广告、车展等宣传推广费用，或强制限定经销商自担费用开展广告宣传的特定方式和特定媒体。

汽车供应商通常与经销商约定参与共同推广和营销活动并要求经销商分摊合理费用。此外，为确保品牌推广的整体效果，汽车供应商通常为经销商设置遴选媒体的合理的质量型标准。但是，强制要求经销商承担以汽车供应商名义开展的宣传推广费用，或强制限定经销商自担费用开展广告宣传的特定方式和特定媒体，有可能限制经销商自主决定推广和营销活动的能力，间接增加经销和售后渠道的成本，最终增加消费者的负担。

4. 汽车供应商强制要求经销商和维修商只能使用特定有偿设计单位或建筑单位的服务，或强制要求经销商和维修商所需建筑材料、通用设备、信息管理系统和办公设施等只能使用特定品牌、供应商和供应渠道。

为保证品牌形象，汽车供应商通常会通过协议或商务政策对经销商和维修商经营场所的设计、装饰、办公设施等约定或规定质量型标准。此外，基于知识产权保护的考虑，汽车供应商通常指定其汽车品牌标识的采购渠道。但是，限定经营场所的设计、办公设施等只能使用特定第三方品牌、供应商和供应渠道对于保证汽车品牌形象通常并非必要，可能排除、限制相关市场的竞争，间接增加经销和售后渠道的成本。

5. 汽车供应商限制经销商经营其他供应商的商品。

汽车供应商可以对经销商营销本企业的商品进行必要的约定或提出必要的服务标准，并给予相关培训和指导。但如果汽车供应商限制经销商代理其他供应商的商品，或限制经销商在经营场所销售其他企业或品牌商品（可以要求为本企业品牌汽车设立单独展区），可能导致市场中新进入的或原来的竞争者无法找到可替代的良好流通渠道，使得经销商承担合同产品的排他购买义务，从而排除、限制相关市场的竞争。

6. 汽车供应商因经销商或维修商从事促进竞争的行为而拒绝供货或提前解除经销协议。

当经销商或维修商从事了促进竞争的行为，如拒绝执行汽车供应商设置的最低转售价、从汽车供应商以外的渠道购进原厂配件和同质配件用于售后维修等，汽车供应商不得拒绝向经销商供货或提前解除经销协议。

第三章　滥用市场支配地位

《反垄断法》第十七条禁止滥用市场支配地位行为。目前，我国新车销售市场竞争较为激烈，但汽车售后市场由于存在锁定效应和兼容性问题，可能限制、削弱售后市场的有效竞争，损害消费者利益。在个案中界定汽车售后市场，汽车品牌是需要考虑的一个重要因素。因此，根据《反垄断法》第十七条对市场支配地位的定义，以及第十八条关于认定经营者具有市场支配地位应当依据的因素，在新车销售市场上不具有支配地位的汽车供应商，在其品牌汽车售后市场上可能被认定为具有支配地位。

对于未达到《反垄断法》第十九条规定的市场支配地位推定标准的经营者，其在售后配件的生产、供应与流通以及维修技术信息、测试仪器和维修工具的供应过程中实施的纵向限制，根据《反垄断法》第十四条与第十五条进行评估。

第七条　售后配件的生产

除根据代工协议生产的配件以外，在其品牌汽车售后市场上具有支配地位的汽车制造商没有正当理由，不应限制为初装汽车配套的配件供应商生产双标件。即汽车制造商不应禁止为其提供初装零部件的配件供应商在相关初装零部件上加贴自有商标、标识和零件代码。双标件旨在提高消费者和维修商辨识同质配件的能力，促进汽车售后市场有效竞争。

关于代工协议的认定，参见本指南第十一条。

第八条　售后配件的供应与流通

在汽车售后市场上具有支配地位的汽车供应商没有正当理由，不应限制售后配件的供应与流通，包括：

（一）限制经销商和维修商外采售后配件，即限制经销商和维修商购买同质配件或从其他渠道购买原厂配件（包括平行进口配件）。

不具有市场支配地位的供应商对其经销渠道设置一定期限的排他采购义务，能够提高经销网络的质量标准，有助于建立和保持品牌形象，提高品牌对最终消费者的吸引力，提升销售量。但是，如果相关市场存在显著的进入或扩张壁垒，排他采购义务有可能封锁竞争性供应商，削弱创新激励机制，提高经销渠道的商品价格，限制消费者的选择。

在实务中，在其品牌汽车售后市场上具有支配地位的汽车供应商，对经销商规定不合理的配件销售数量目标、库存品种和数量，通常能够实质限制经销商和维修商外采配件。

但是，汽车供应商可以依法要求其授权体系成员仅使用原厂配件和同质配件，该授权体系成员应当依法保证消费者的知情权和配件可追溯性。汽车供应商可以依法要求，仅当消费者知情并明确选择且保证配件可追溯性的条件下，授权体系成员才可以在维修工作中使用再制造件和回用件。

再制造件，是指旧汽车零部件经过再制造技术、工艺生产后，性能和质量达到原型新品要求的零部件。

回用件，是指从报废汽车上拆解或维修车辆上替换的能够继续使用的零部件。

（二）限制配件供应商、经销商和维修商外销售后配件，包括：

1. 除根据代工协议生产的配件以外，要求配件全部“返厂”，即限制配件供应商向售后渠道以自有品牌供应配件；

2. 限制经销商之间、维修商之间、以及经销商和维修商之间交叉供应售后配件；

3. 限制经销商和维修商向最终用户销售汽车维修服务所需配件。

第九条　维修技术信息、测试仪器和维修工具的可获得性

汽车售后维修通常需要由具备相应资质的技工基于特定品牌汽车的技术信息而完成。汽车供应商通常是其品牌汽车全部维修技术信息的唯一供应源。如果维修商不能获得检测、维修汽车以及替换汽车配件所必需的技术信息，提供的维修保养服务可能导致危险驾驶、高排放和空气污染等风险；同时，维修商市场地位受挤压，导致维修渠道减少、汽车维修保养价格升高、消费者选择受限。

汽车售后市场有效竞争需要保障售后维修技术信息的可获得性，同时保障测试仪器和维修工具的可获得性。因此，在其品牌汽车售后市场上具有支配地位的汽车供应商，无正当理由，不应限制维修技术信息、测试仪器和维修工具的可获得性，包括：

（一）限制维修商获取特定品牌汽车维修技术信息的权利和渠道；

（二）限制测试仪器、维修工具或其他设备供应商向经销商和维修商销售有关测试仪器、维修工具或其他设备；

（三）对维修技术信息设置过高市场价格，限制维修技术信息有效公开，制约汽车维修商获取有关技术信息。

第四章　经营者集中

对于经营者集中的竞争分析，汽车业与其他行业并无显著差别。关于汽车业经营者集中的反垄断审查，由执法机构依据《反垄断法》、《关于经营者集中申报标准的规定》等法律规定依法处理。

第五章　滥用行政权力排除、限制竞争

《反垄断法》禁止行政机关和法律、法规授权的具有管理公共事务职能的组织滥用行政权力排除、限制竞争。滥用行政权力排除、限制汽车业市场竞争的行为，由执法机构依据《反垄断法》及相关规定依法处理。

第十条　汽车业的滥用行政权力排除、限制竞争行为

汽车交易中的滥用行政权力排除、限制竞争行为，阻碍汽车市场健康发展，损害消费者利益。比如，二手车交易中的滥用行政权力排除、限制竞争行为，不利于绿色循环消费和汽车市场可持续发展，还限制了汽车所有人的物权处置权益，延长消费者换车周期，间接影响新车销售市场。

行政机关和法律、法规授权的具有管理汽车流通事务职能的组织，不应违反《反垄断法》第五章规定实施排除、限制竞争的行为，包括但不限于：

（一）制定含有限制汽车销售和汽车自由流通等内容的规定；

（二）通过设定具有排除、限制竞争效果的开业条件或资质要求，限制或者变相限制经营者经营汽车业务；

（三）限定或者变相限定单位或者个人购买、租用、使用其指定的经营者提供的汽车交易系统、设施和经营场所；

（四）二手车限迁行为，即对外地二手车迁入设定高于本地在用

车辆标准的限制行为；

（五）限制或变相限制二手车交易地点，即要求二手车必须在车辆注册登记所在地交易；

（六）限制二手车交易必须由二手车交易市场开具发票；

（七）限制或变相限制外地生产的汽车（如新能源汽车）进入本地市场，限制或变相限制消费者购买外地及某一类汽车（如新能源汽车）。

第六章　附　　则

第十一条　配件代工协议

代工协议，实务中又称委托加工协议、代加工合同、承揽合同、贴牌加工合同，是指委托方与被委托方约定由委托方提供必需的技术、设备，由被委托方为委托方代为生产产品、提供服务或完成相关工作等的协议。

如果配件制造商使用汽车制造商的知识产权，根据汽车制造商的要求加工汽车配件，汽车制造商和配件制造商之间是委托加工关系，达成的是代工协议。代工协议与使用自有知识产权的配件制造商和汽车制造商之间形成的配件供应协议存在显著区别。

一项协议是否构成真实代工协议，需要进行个案评估，通过评估协议实质内容之后加以认定，而不能仅仅根据协议的形式直接认定。简言之，如果汽车制造商（委托方）所提供的技术、设备是配件制造商（被委托方）根据汽车制造商的要求，在合理条件下生产合同产品或提供合同服务所必需的，则配件制造商的身份是“代工厂”，不被视为市场上的独立配件供应商。

但是，当汽车制造商向配件制造商提供工具、知识产权或专有技术时，如果该配件制造商已拥有可自主使用的该等工具、知识产权或专有技术，或者能够以合理条件获得该等工具、知识产权或专有技术，该等情形下汽车制造商的技术和设备并非配件制造商履行协议所必需的。比如，如果汽车制造商仅提供了合同产品一般的描述性信息，但限制配件制造商向售后市场以自有品牌供应配件，汽车制造商实质上剥夺了配件制造商在协议相关领域拓展业务的可能性，排除、限制相关市场的竞争，可能导致高价，减少了消费者的选择。

评估“生产合同产品或提供合同服务所必需的技术或设备”可以考虑的具体因素包括但不限于：

（一）委托方拥有或有权处置的知识产权，包括：发明专利、实用新型专利、外观设计专利或其他知识产权；

（二）委托方拥有或有权处置的生产工艺等专有技术；

（三）委托方准备的与其提供的信息配套使用的研究报告、方案等文件。

五 反垄断文书范本

市场监管总局关于印发《反垄断案件专用文书格式范本》的通知[①]

国市监反垄断〔2019〕72号

各省、自治区、直辖市市场监管局（厅、委）：

为规范反垄断执法工作，保障市场监管部门依法履行反垄断职责，市场监管总局组织制定了《反垄断案件专用文书格式范本》（以下简称《格式范本》）。现予印发。

《格式范本》为市场监管部门开展反垄断执法的文书基本格式。各省级市场监管部门可以参照《格式范本》，结合实际需要，完善有关文书格式并自行印制。

国家市场监督管理总局

2019年4月3日

① 文书范本参见下文。相应【法律依据】为编者所加，方便读者使用。

总体说明[①]

本反垄断案件专用文书格式范本，由国家市场监督管理总局拟定。各省级市场监督管理部门可以参照文书格式范本，结合执法实际，完善有关文书格式并自行印制。

对违反《中华人民共和国反垄断法》规定的行为实施行政处理程序适用本文书格式范本。本文书格式范本未作规定的，参照适用《市场监督管理行政处罚文书格式范本》。

制作、打印文书时，参照《党政机关公文格式》。

① 参见《市场监管总局关于印发〈反垄断案件专用文书格式范本〉的通知》，载国家市场监督管理总局网站，http：//gkml. samr. gov. cn/nsjg/fldj/202006/t20200603_316192. html，最后访问时间：2022 年 7 月 11 日。

1. 约谈通知书

________市场监督管理局
约谈通知书

____市监____〔____〕____号

____________________________：

为了解________________________________，请你（单位）于______年____月____日____时____分到________________________说明有关情况。

联系人：________________联系电话：________________

________________市场监督管理局

（印章）

年　　月　　日

本文书一式____份，____份送达，一份归档，________________。

2. 约谈记录

________市场监督管理局
约谈记录

时　间：________年____月____日____时____分至________年____月____日____时____分　第____次

地　点：____

约谈人：______________________、______________________

被约谈人：____

联系电话：____________________　邮政编码：______________

住　　址：____

工作单位：____________________　职务：______________

____

____

____

被约谈人（签名或者盖章）：________________　年　月　日

约谈人（签名或者盖章）：________________　年　月　日

____　年　月　日

第　页共　页

（续页）

被约谈人（签名或者盖章）：________ 年 月 日

约谈人（签名或者盖章）：________ 年 月 日

________ 年 月 日

（尾页）

被约谈人（签名或者盖章）：　　　　　　　　　　年　　月　　日

约谈人（签名或者盖章）：　　　　　　　　　　年　　月　　日

年　　月　　日

第　页共　页

3. 垄断案件询问通知书

________市场监督管理局
垄断案件询问通知书

____市监____〔____〕____号

________________________：

为调查了解____
____________请你（单位）于______年____月____日____时____分到____接受询问。根据《中华人民共和国行政处罚法》第三十七条①、《中华人民共和国反垄断法》第四十二条②的规定，你（单位）有如实回答询问，配合调查的义务。请携带以下材料：

1. ____
2. ____
3. ____

联系人：________________联系电话：________________

________________市场监督管理局

（印章）

年　　月　　日

本文书一式____份，____份送达，一份归档，________________。

---

① 该条现对应2021年《中华人民共和国行政处罚法》第五十五条。
② 该条现对应2022年《中华人民共和国反垄断法》第五十条。

【法律依据】

《中华人民共和国行政处罚法》（2021年1月22日）

第五十五条 执法人员在调查或者进行检查时，应当主动向当事人或者有关人员出示执法证件。当事人或者有关人员有权要求执法人员出示执法证件。执法人员不出示执法证件的，当事人或者有关人员有权拒绝接受调查或者检查。

当事人或者有关人员应当如实回答询问，并协助调查或者检查，不得拒绝或者阻挠。询问或者检查应当制作笔录。

《中华人民共和国反垄断法》（2022年6月24日）

第五十条 被调查的经营者、利害关系人或者其他有关单位或者个人应当配合反垄断执法机构依法履行职责，不得拒绝、阻碍反垄断执法机构的调查。

4. 垄断案件调查通知书

________市场监督管理局
垄断案件调查通知书

____市监____〔____〕____号

________________________：

本机关于______年____月____日开始对你（单位）进行反垄断调查。由执法人员______________________________组成调查组，________任组长。请你（单位）按照《中华人民共和国反垄断法》等有关法律规定配合调查并如实提供本机关所需资料。如你（单位）拒绝提供、不完全提供有关材料、信息，或者提供虚假材料、信息，或者隐匿、销毁、转移证据，或者有其他拒绝、阻碍调查行为的，将依法承担法律责任。

如果你（单位）认为执法人员与你（单位）有直接利害关系，可以向本机关申请其回避。

联系人：________________联系电话：________________

________________市场监督管理局

（印章）

年　　月　　日

本文书一式____份，____份送达，一份归档，________________。

【法律依据】

《中华人民共和国反垄断法》（2022年6月24日）

第四十七条 反垄断执法机构调查涉嫌垄断行为，可以采取下列措施：

（一）进入被调查的经营者的营业场所或者其他有关场所进行检查；

（二）询问被调查的经营者、利害关系人或者其他有关单位或者个人，要求其说明有关情况；

（三）查阅、复制被调查的经营者、利害关系人或者其他有关单位或者个人的有关单证、协议、会计账簿、业务函电、电子数据等文件、资料；

（四）查封、扣押相关证据；

（五）查询经营者的银行账户。

采取前款规定的措施，应当向反垄断执法机构主要负责人书面报告，并经批准。

第六十二条 对反垄断执法机构依法实施的审查和调查，拒绝提供有关材料、信息，或者提供虚假材料、信息，或者隐匿、销毁、转移证据，或者有其他拒绝、阻碍调查行为的，由反垄断执法机构责令改正，对单位处上一年度销售额百分之一以下的罚款，上一年度没有销售额或者销售额难以计算的，处五百万元以下的罚款；对个人处五十万元以下的罚款。

5. 垄断案件限期提供材料、信息通知书

________市场监督管理局
垄断案件限期提供材料、信息通知书

____市监____〔____〕____号

________________________：

为调查____

________，根据《中华人民共和国反垄断法》第三十九条[①]的规定，现要求你（单位）在______年____月____日前，向我局提交以下书面材料、信息：

1. ____

2. ____

3. ____

依据《中华人民共和国反垄断法》第五十二条[②]规定，如你（单位）拒绝提供、不完全提供有关材料、信息，或者提供虚假材料、信息，或者隐匿、销毁、转移证据，或者有其他拒绝、阻碍调查行为的，将依法承担法律责任。

联系人：________________联系电话：________________

________________市场监督管理局

（印章）

年　　月　　日

本文书一式____份，____份送达，一份归档，________________。

① 该条现对应2022年《中华人民共和国反垄断法》第四十七条。

② 该条现对应2022年《中华人民共和国反垄断法》第六十二条。

【法律依据】

《中华人民共和国反垄断法》（2022年6月24日）

第四十七条 反垄断执法机构调查涉嫌垄断行为，可以采取下列措施：

（一）进入被调查的经营者的营业场所或者其他有关场所进行检查；

（二）询问被调查的经营者、利害关系人或者其他有关单位或者个人，要求其说明有关情况；

（三）查阅、复制被调查的经营者、利害关系人或者其他有关单位或者个人的有关单证、协议、会计账簿、业务函电、电子数据等文件、资料；

（四）查封、扣押相关证据；

（五）查询经营者的银行账户。

采取前款规定的措施，应当向反垄断执法机构主要负责人书面报告，并经批准。

第六十二条 对反垄断执法机构依法实施的审查和调查，拒绝提供有关材料、信息，或者提供虚假材料、信息，或者隐匿、销毁、转移证据，或者有其他拒绝、阻碍调查行为的，由反垄断执法机构责令改正，对单位处上一年度销售额百分之一以下的罚款，上一年度没有销售额或者销售额难以计算的，处五百万元以下的罚款；对个人处五十万元以下的罚款。

6. 垄断案件协助调查函

________市场监督管理局
垄断案件协助调查函

____市监____〔____〕____号

________________________：

根据工作需要，请你单位按照《中华人民共和国反垄断法》等法律法规的有关规定，配合本机关开展调查，提供相关情况和材料。

依据《中华人民共和国反垄断法》第五十二条①规定：如你（单位）拒绝提供、不完全提供有关材料、信息，或者提供虚假材料、信息，或者隐匿、销毁、转移证据，或者有其他拒绝、阻碍调查行为的，将依法承担法律责任。

联系人：____________________联系电话：____________________

________________市场监督管理局
（印章）
年　　月　　日

本文书一式____份，____份送达，一份归档，____________________。

① 该条现对应2022年《中华人民共和国反垄断法》第六十二条。

【法律依据】

《中华人民共和国反垄断法》（2022年6月24日）

第五十条 被调查的经营者、利害关系人或者其他有关单位或者个人应当配合反垄断执法机构依法履行职责，不得拒绝、阻碍反垄断执法机构的调查。

第六十二条 对反垄断执法机构依法实施的审查和调查，拒绝提供有关材料、信息，或者提供虚假材料、信息，或者隐匿、销毁、转移证据，或者有其他拒绝、阻碍调查行为的，由反垄断执法机构责令改正，对单位处上一年度销售额百分之一以下的罚款，上一年度没有销售额或者销售额难以计算的，处五百万元以下的罚款；对个人处五十万元以下的罚款。

7. 垄断案件计算机数据证据提存笔录

________市场监督管理局
垄断案件计算机数据证据提存笔录

时　间：____年___月___日___时___分至____年___月___日___时___分

地　点：____

被检查人：______________________________________

提存人：______________________执法证号：____________

记录人：______________________执法证号：____________

证明对象：______________________________________

提存方法：______________________________________

____

提存步骤：______________________________________

____

____

____

____

____

被检查人（签名或者盖章）：________________年　　月　　日

见证人（签名或者盖章）：__________________年　　月　　日

提存人（签名或者盖章）：__________________年　　月　　日

执法人员（签名或者盖章）：________________年　　月　　日

第　页共　页

（续页）

被检查人（签名或者盖章）：________________ 年 月 日

见证人（签名或者盖章）：________________ 年 月 日

提存人（签名或者盖章）：________________ 年 月 日

执法人员（签名或者盖章）：________________ 年 月 日

第 页共 页

（尾页）

被检查人（签名或者盖章）：＿＿＿＿＿＿＿＿＿＿ 年 月 日

见证人（签名或者盖章）：＿＿＿＿＿＿＿＿＿＿ 年 月 日

提存人（签名或者盖章）：＿＿＿＿＿＿＿＿＿＿ 年 月 日

执法人员（签名或者盖章）：＿＿＿＿＿＿＿＿＿＿ 年 月 日

第 页共 页

8. 垄断案件委托调查函

________市场监督管理局
垄断案件委托调查函

____市监____〔____〕____号

________________________：

本机关在处理________________中，委托你单位调查以下问题：

____

____

____

____

____

____

____

请你单位于______年____月____日前将调查结果加盖公章后及时函告本机关。

联系人：__________________联系电话：__________________

________________市场监督管理局

（印章）

年　　月　　日

本文书一式____份，____份送达，一份归档，__________________。

9. 垄断案件查询银行账户函

________市场监督管理局
垄断案件查询银行账户函

____市监____〔____〕____号

__________________________：

根据《中华人民共和国反垄断法》第三十九条[①]第一款第（五）项、第四十二条[②]的规定，需要对______________________的______年____月至______年____月银行账户情况进行查询，请你单位依法予以配合，并提供有关材料、信息。

联系人：______________联系电话：______________

________________市场监督管理局

（印章）

年　　月　　日

本文书一式____份，____份送达，一份归档，______________。

① 该条现对应2022年《中华人民共和国反垄断法》第四十七条。

② 该条现对应2022年《中华人民共和国反垄断法》第五十条。

【法律依据】

《中华人民共和国反垄断法》（2022年6月24日）

第四十七条 反垄断执法机构调查涉嫌垄断行为，可以采取下列措施：

（一）进入被调查的经营者的营业场所或者其他有关场所进行检查；

（二）询问被调查的经营者、利害关系人或者其他有关单位或者个人，要求其说明有关情况；

（三）查阅、复制被调查的经营者、利害关系人或者其他有关单位或者个人的有关单证、协议、会计账簿、业务函电、电子数据等文件、资料；

（四）查封、扣押相关证据；

（五）查询经营者的银行账户。

采取前款规定的措施，应当向反垄断执法机构主要负责人书面报告，并经批准。

第五十条 被调查的经营者、利害关系人或者其他有关单位或者个人应当配合反垄断执法机构依法履行职责，不得拒绝、阻碍反垄断执法机构的调查。

10. 垄断案件中止调查决定书

________市场监督管理局
垄断案件中止调查决定书

____市监____〔____〕____号

一、当事人情况（一级标题黑体三号，缩进两字符）

（一）二级标题楷体三号加黑，缩进两字符

（正文仿宋三号，首行缩进两字符）写明当事人基本情况：当事人为个人的，应当写明姓名、性别及住址等；当事人为单位的，应当写明单位的名称、统一社会信用代码、经营范围、法定代表人或者负责人姓名、职务、地址、电话等。

二、案件来源及调查经过

说明案件来源、调查起始时间、调查方式等内容。

三、违法事实及相关证据

说明当事人进行违法行为的时间、地点、经过、手段及对竞争产生或者可能产生的影响。以上事实，应有相关证据证明。

四、当事人的承诺措施及履行期限

载明当事人承诺的消除行为后果的措施、履行承诺的期限和方式、在规定的时限内向市场监督管理部门报告承诺履行情况的义务等。

五、中止调查决定

作出中止调查决定的法律依据及决定。载明对当事人在规定期限履行承诺的情况进行监督，不履行或者不完全履行承诺的法律后果等。若当事人在规定的期限内履行承诺，将依法对本案终止调查。

________________市场监督管理局

（印章）

年　　月　　日

本文书一式____份，____份送达，一份归档，________________。

11. 垄断案件恢复调查决定书

________市场监督管理局
垄断案件恢复调查决定书

____市监____〔____〕____号

一、当事人情况（一级标题黑体三号，缩进两字符）

（一）二级标题楷体三号加黑，缩进两字符

（正文仿宋三号，首行缩进两字符）写明当事人的基本情况：当事人为个人的，应当写明姓名、性别及住址等；当事人为单位的，应当写明单位的名称、统一社会信用代码、经营范围、法定代表人或者负责人姓名、职务、地址、电话等。

二、作出中止调查的情况

说明作出中止调查的时间，当事人涉嫌违法的事实及后果、当事人承诺的消除行为后果的措施、当事人履行承诺的期限和方式、当事人在规定时限内的报告义务及不履行或者不完全履行承诺的法律后果等。

三、监督承诺履行的情况

说明监督的措施、监督执行的具体情况，导致恢复调查的事实和相关证据。

四、恢复调查决定

恢复调查的法律依据及决定。

________________市场监督管理局

（印章）

年　　月　　日

本文书一式____份，____份送达，一份归档，________________。

12. 垄断案件终止调查决定书

________市场监督管理局
垄断案件终止调查决定书

____市监____〔____〕____号

一、当事人情况（一级标题黑体三号，缩进两字符）

（一）二级标题楷体三号加黑，缩进两字符

（正文仿宋三号，首行缩进两字符）写明当事人的基本情况：当事人为个人的，应当写明姓名、性别及住址等；当事人为单位的，应当写明单位的名称、统一社会信用代码、经营范围、法定代表人或者负责人姓名、职务、地址、电话等。

二、作出中止调查的情况

说明作出中止调查的时间、当事人涉嫌违法的事实及后果、当事人承诺的消除行为后果的措施、当事人履行承诺的期限和方式、当事人在规定时限内的报告义务及不履行或者不完全履行承诺的法律后果等。

三、监督承诺履行的情况

说明监督的措施、监督执行的具体情况。当事人履行承诺的事实和相关证据。

四、终止调查决定

作出终止调查决定的法律依据及决定。

________________市场监督管理局
（印章）
年　　月　　日

本文书一式____份，____份送达，一份归档，________________。

13. 行政处罚决定书

________市场监督管理局
行政处罚决定书

____市监____〔____〕____号

一、当事人情况（一级标题黑体三号，缩进两字符）

（一）二级标题楷体三号加黑，缩进两字符

（正文仿宋三号，首行缩进两字符）写明当事人的基本情况：当事人为个人的，应当写明姓名、性别及住址等；当事人为单位的，应当写明单位的名称、统一社会信用代码、经营范围、法定代表人或者负责人姓名、职务、地址、电话等。

二、案件来源及调查经过

说明案件来源、调查起始时间、调查方式等内容。

三、违法事实及相关证据

说明当事人进行违法行为的时间、地点、经过、手段、后果等内容。以上事实，应有相关证据证明。

四、行政处罚依据和决定

根据相关法律、法规规定，对当事人的违法行为作出定性；说明作出行政处罚的相关法律依据及自由裁量的理由；行政处罚的内容；行政处罚的履行方式和期限；权利救济途径告知。

________________市场监督管理局

（印章）

年　　月　　日

本文书一式____份，____份送达，一份归档，________________。

14. 行政建议书

________市场监督管理局
行政建议书

____市监____〔____〕____号

__________________________：

一、案件来源及调查情况（一级标题黑体三号，缩进两字符）

（一）二级标题楷体三号加黑，缩进两字符

（正文仿宋三号，首行缩进两字符）说明案件来源、调查情况等内容。

二、相关事实及证据

说明当事人滥用行政权力排除限制竞争行为的相关事实，应有证据证明。

三、定性分析

对当事人滥用行政权力排除限制竞争行为作出定性。

四、行政建议

作出行政建议的内容。

____________市场监督管理局

（印章）

年　　月　　日

说明：文书可包含上述内容，但实际行文中可采用叙述式，不设大标题。

本文书一式____份，____份送达，一份归档，______________。

六 反垄断典型案例

2020 年反垄断执法十大典型案例①

（国家市场监督管理总局 2021 年 9 月 3 日发布）

1. 某省水泥协会组织 6 家水泥经营者达成并实施垄断协议案

经调查，2016 年 10 月，某省水泥协会组织和推动 6 家水泥经营者，在某市区域内推涨散装水泥价格，达成并实施统一散装水泥涨价时间、调价幅度的垄断协议。2020 年 12 月，该省市场监管局依法作出行政处罚，责令当事人停止违法行为，没收违法所得并处罚款共计 5981.13 万元。

2. 某省某市二手车行业协会组织 9 家二手车交易市场企业达成并实施垄断协议案

经调查，2018 年 5 月，某省某市二手车行业协会组织全市 9 家会员单位达成二手车服务费涨价协议，涉案 9 家企业均按照协议规定上涨二手车交易服务费。2020 年 12 月，该省市场监管局依法作出行政处罚，责令当事人停止违法行为，没收违法所得并处罚款共计 441.37 万元。

3. 甲医药有限公司等 3 家公司滥用市场支配地位案

经调查，2015 年 8 月至 2017 年 12 月，甲医药有限公司、乙医

① 载国家市场监督管理总局网站，https://www.samr.gov.cn/xw/zj/202109/t20210903_334368.html，最后访问时间：2022 年 7 月 8 日。收录时有改动。

药有限公司和丙医药有限公司滥用在中国注射用葡萄糖酸钙原料药销售市场的支配地位，实施以不公平的高价销售商品、附加不合理交易条件的垄断行为，排除、限制了市场竞争，损害了消费者利益。2020 年 4 月，市场监管总局依法作出行政处罚，责令当事人停止违法行为，没收违法所得并处罚款共计 3.255 亿元。

4. 某市水务集团某区有限公司滥用市场支配地位案

经调查，2014 年以来，当事人滥用在某市某区城市公共自来水供水服务市场的支配地位，没有正当理由，限定房地产公司只能与其指定的设计、监理和工程施工单位进行交易，排除、限制了当地供水工程设计、监理和施工环节的市场竞争，损害了房地产公司和消费者的利益。2020 年 12 月，某省市场监管局依法作出行政处罚，责令当事人停止违法行为，并处罚款 182.09 万元。

5. 甲公司收购乙科技有限公司股权案

经审查，本案涉及半导体市场，具体包括图形处理器加速器、专用网络互联设备等 5 个相关商品市场。市场监管总局认为此项集中对全球和中国 GPU 加速器、专用网络互联设备、高速以太网适配器市场可能具有排除、限制竞争效果。2020 年 4 月，市场监管总局依法附加限制性条件批准本项集中。

6. 某公司收购某电气公司医疗生命科学生物制药业务案

经审查，本案主要涉及生物制药仪器与耗材。市场监管总局认为，此项集中对全球和中国微载体、中空纤维切向流过滤器、一次性低压液相层析系统、中试/生产规模常规低压液相层析柱等 10 个市场，具有或可能具有排除、限制竞争效果。2020 年 2 月，市场监管总局依法附加限制性条件批准本项集中。

7. 某投资有限公司收购某商业集团公司股权未依法申报经营者集中案

某投资有限公司通过多种方式取得某商业集团公司 73.79%的股

权，并于 2017 年 6 月完成交割，在此之前未向市场监管总局申报，构成未依法申报违法实施的经营者集中，但不具有排除、限制竞争的效果。2020 年 12 月，市场监管总局依法对某投资有限公司处以罚款 50 万元。

8. 某集团收购某传媒公司股权未依法申报经营者集中案

某集团收购某传媒公司 100%股权，并于 2018 年 10 月 31 日完成股权变更登记，在此之前未向市场监管总局申报，构成未依法申报违法实施的经营者集中，但不具有排除、限制竞争的效果。2020 年 12 月，市场监管总局依法对某集团处以罚款 50 万元。

9. 某省某市财政局滥用行政权力排除、限制竞争案

经调查，某省某市财政局在市政府发布《公交投入和补贴资金管理办法》及配套文件后，将国营公交公司纳入成本规制管理并进行财政补贴，但民营公交公司却一直未被平等纳入管理并享有补贴，构成滥用行政权力排除、限制竞争行为。调查期间，该市财政局积极整改，并向当地省市场监管局报送整改情况，已将民营公交公司纳入成本规制管理，并健全公交补贴政策长效机制。

10. 某省某市住房和城乡建设局滥用行政权力排除、限制竞争案

经调查，某省某市住房和城乡建设局制定《瓶装燃气行业整治工作方案》，要求当地城区瓶装燃气经营企业达成《联合经营框架协议》，整合销售业务；该市住房和城乡建设局燃气办对企业签订的有关协议予以鉴证，并拒绝有关企业恢复自主经营的要求，构成滥用行政权力排除、限制竞争行为。2020 年 6 月，某省市场监管局向该市人民政府提出依法处理的建议。该市人民政府复函表示，该市住房和城乡建设局已整改到位，并对相关责任人员进行了追责问责。

2019 年反垄断执法十大典型案例①

（国家市场监督管理总局 2020 年 12 月 25 日发布）

1. 某品牌汽车有限公司垄断协议案

2017 年 12 月，国家反垄断执法机构依法开展反垄断调查。经调查，2013 年至 2017 年期间，某品牌汽车有限公司在某地区销售汽车时，通过制定并下发《价格表》、要求经销商签订《价格规范自律协议》、制定车展期间价格政策以及限制经销商网络最低报价等方式，与经销商达成了限定向第三人转售整车最低价格的垄断协议。在某品牌汽车有限公司的价格控制下，下游经销商基本按照其限定的整车最低转售价格对外销售。某品牌汽车有限公司为加强对下游经销商的控制，聘请了第三方公司对经销商的报价和实际零售价格进行监控，并对不按最低价格政策销售汽车的经销商，通过扣除保证金、暂停供货等措施进行处罚。

某品牌汽车有限公司限定经销商整车最低转售价格的行为违反了反垄断法。2019 年 6 月，市场监管总局依法责令某品牌汽车有限公司停止违法行为，并处以罚款 1.628 亿元。

2. 某市 10 家混凝土企业垄断协议案

2018 年 8 月，某省反垄断执法机构依法开展反垄断调查。经调查，2018 年 7 月，某市 10 家混凝土生产企业以原材料价格上涨为由，商议联合上调混凝土销售价格，经商议决定不同标号的混凝土每立方米价格均上调 60 元。各方最终形成《关于调整混凝土价格的

① 载国家市场监督管理总局网站，https：//www.samr.gov.cn/xw/zj/202012/t20201224_324675.html，最后访问时间：2022 年 7 月 8 日。收录时有改动。

联合声明》并陆续盖章。随后，10 家混凝土企业将此联合声明和统一涨价情况告知各自下游建筑企业，与各自下游建筑企业签订调整价格的补充协议并执行新的价格（或直接执行新的价格），对部分不接受涨价的用户停止供货。截至执法机关启动调查，混凝土企业陆续停止联合涨价行为，实施垄断协议时间约为 1 个月。

该市 10 家混凝土生产企业有关经营行为，违反了反垄断法。2019 年 8 月，某省反垄断执法机构依法责令该市 10 家混凝土企业停止违法行为，并处以罚款 4, 922, 907. 73 元。

3. 某汽车投资公司垄断协议案

2017 年 12 月，某省反垄断执法机构依法开展反垄断调查。经调查，2015 年 6 月至 2018 年 2 月，某汽车投资公司通过召开经销商会议、巡店、平台通知等方式，要求该省内经销商在互联网平台销售其旗下品牌汽车时，统一按照各车型建议零售价进行报价，经销商不得擅自降低网络报价；2016 年至 2018 年 3 月，通过召开地区协力会、平台通知等方式限制经销商销售该品牌重点车型最低转售价格。某汽车投资公司通过多项管理措施实施了上述价格控制。

某汽车投资公司统一经销商网络报价、限定经销商转售商品最低价格的行为，违反了反垄断法。2019 年 12 月，某省反垄断执法机构依法责令某汽车投资公司停止违法行为，并处以罚款 87, 613, 059. 48 元。

4. 某投资管理公司滥用市场支配地位案

2017 年 8 月，某市反垄断执法机构依法开展反垄断调查。经调查，2013 年至 2015 年期间，某投资管理公司滥用其在中国大陆醇酯十二成膜助剂市场的市场支配地位，与国内相关涂料客户签订并实施了具有限定交易效果的“照付不议协议”及“最惠国待遇协议”。该公司在相关市场内实施的排他性协议促使交易相对方向当事人及其关联公司购买大部分甚至全部醇酯十二成膜助剂，限制了交易相对方与其他竞争对手的交易，使得其他竞争对手和潜在经营者无法通过正常竞争进入被封锁市场，从而削弱醇酯十二成膜助剂相关市场的竞争水平，产生了明显的反竞争效果。

某投资管理公司在相关市场内实施具有限定交易效果的排他性协议的行为，违反了反垄断法。2019 年 4 月，某市反垄断执法机构依法责令某投资管理公司停止违法行为，并处以罚款 24,378,711.35 元。

5. 某市自来水集团有限公司滥用市场支配地位案

2017 年 11 月，某市反垄断执法机构依法开展反垄断调查。经调查，2014 年至 2017 年，某市自来水集团有限公司利用其供水范围内的市场支配地位，通过发布文件、要求房地产开发企业签订保证书等方式，对申请新装自来水业务的房地产开发企业附加在二次供水设施建设中须使用某供水工程技术公司的智能变频控制柜和远程监控子站的不合理条件。

某市自来水集团有限公司有关经营行为，违反了反垄断法。2019 年 5 月，某市反垄断执法机构依法责令某市自来水集团有限公司停止违法行为，并处以罚款 7,438,622.77 元。

6. 甲公司收购乙公司股权案

2019 年 2 月，市场监管总局依法进行立案审查。经审查，本案涉及光通信器件市场，包括波长选择开关、光收发模块等 11 个相关商品市场，相关地域市场界定为全球，同时考察中国市场。审查认为，本项集中消除了双方在波长选择开关市场的紧密竞争关系，大幅提高市场的集中度，增强双方的市场控制力，并增加该市场企业间相互协调的可能性，且市场进入壁垒高，短期内难以出现新进入者，交易可能对该市场竞争产生不利影响。

2019 年 9 月，市场监管总局附条件批准本项集中：一是甲公司与乙公司保持波长选择开关业务相互独立，确保相互之间继续开展市场竞争。二是甲公司与乙公司继续以公平合理的条款供应波长选择开关。

7. 某生物公司与某科技公司新设合营企业案

2018 年 5 月，市场监管总局依法进行立案审查。经审查，本案相关商品市场为兽用和人用维生素 D3 市场及 NF 级羊毛脂胆固醇市场。审查认为，集中双方既是维生素 D3 市场的竞争者，又存在纵向业务关系，且相关市场较为集中、双方市场份额较高。双方新设一家合营企业从事中间产品 7-脱氢胆固醇（英文为 7-Dehydrocholesterol，以下简称 DHC）生产，既打通了上下游产业链，可能导致原材料和客户封锁，又统一了维生素 D3 核心原材料成本，并可能利用合营企业交流竞争性敏感信息，从而消除双方在维生素 D3 市场的竞争，提高市场集中度和双方市场控制力，增强竞争者协调价格的动机和能力。集中对全球和中国兽用维生素 D3、人用维生素 D3 及 NF 级羊毛脂胆固醇市场，可能具有排除、限制竞争效果。

2019 年 10 月，市场监管总局附条件批准本项集中：一是确保某生物公司与某科技公司除合营企业从事的 DHC 生产业务外的维生素 D3 相关业务完全相互独立，保持双方之间的独立竞争；二是确保合营企业独立运营，避免双方以合营企业为平台交流竞争性敏感信息。此外，对合营企业业务范围、双方不得对外公布价格信息等作了要求。

8. 某汽车公司收购某板材公司股权案

2018 年 9 月，市场监管总局依法进行立案审查。经审查，本案相关市场为中国汽车车身铝薄板外板市场、中国汽车车身铝薄板内板市场。审查认为，本项集中进一步提升了相关市场的市场集中度，增强了集中后实体在相关市场的控制力；将消除相关市场中的重要竞争约束，进一步加强集中后实体单方面排除、限制竞争的可能性；将进一步减少下游汽车企业的选择范围，增加采购风险；加强了集中后实体与竞争者共同排除、限制竞争的可能性；相关市场进入困难，集中将进一步提高相关市场的进入壁垒。

2019年12月，市场监管总局附条件批准本项集中：一是剥离某板材公司在欧洲经济区内全部的汽车车身铝薄板内板和外板业务，剥离内容包括相关设施、人员、知识产权和其他有形及无形资产；二是在中国，集中后实体10年内不得向任何在汽车车身铝薄板市场开展业务的竞争者供应冷轧板。

9. 某省气象局滥用行政权力排除、限制竞争案

2019年3月，某省反垄断执法机构依法开展反垄断调查。经调查，某省气象局在防雷装置检测资质审批中，存在对民营防雷检测机构和气象部门所属的国有防雷检测企业实施差别化待遇，设置不平等市场准入条件的行为。2016年11月7日，某省气象局在向中国气象局报送的《某省气象局深化防雷减灾体制改革方案》中，对不符合甲级资质条件的该省气象局和11个市气象局所属的防雷装置检测企业给予甲级资质许可，对民营的防雷装置检测企业则严格按照《雷电防护装置检测资质管理办法》规定审批检测资质。

某省气象局实施的上述行为违反了反垄断法。调查期间，某省气象局于2019年6月14日、8月2日两次向某省反垄断执法机构报送整改情况，目前已完成整改。

10. 某市交通运输局滥用行政权力排除、限制竞争案

2019年8月，某省反垄断执法机构依法开展反垄断调查。经调查，2018年2月11日，某市交通运输局发布《关于公布首批某市网络预约出租汽车车载卫星定位装置专用设备厂家和型号的通知》，指定了两种某市网约车车载卫星定位装置并标注了各自对应的厂家及型号。后某市4500余台网约车安装了该两种型号定位装置。

某市交通运输局指定网约车车载设备厂家和型号的行为违反了反垄断法。调查期间，某市交通运输局主动废止《关于公布首批某市网络预约出租汽车车载卫星定位装置专用设备厂家和型号的通知》，并予以公示。

人民法院反垄断和反不正当竞争典型案例[①]

（最高人民法院2021年9月27日发布）

1. “××锯”侵害技术秘密纠纷案

——技术秘密侵权行为认定及责任承担

【案号】（2019）最高法知民终7号

【基本案情】

甲机械公司是一家制造、销售××锯产品的公司，该公司主张其享有“边测量边锯切”的技术秘密，李某某、周某等人从甲机械公司离职后成立了乙机械公司，并利用甲机械公司的技术秘密制造、销售××锯产品。某木业公司使用××锯产品亦构成侵权。二审中，根据当事人的申请，最高人民法院组织各方当事人进行现场勘验并进行技术比对。最高人民法院经审理认为，根据二审勘验的实验结果，被诉侵权产品的锯切方式和结果遵循了涉案技术秘密的工艺流程，并且实现了涉案技术秘密的技术效果，属于侵害技术秘密的行为，故撤销一审判决，判令乙机械公司停止侵权，赔偿经济损失及合理开支600万元。同时，针对某木业公司无正当理由毁损人民法院查封证据的行为，对某木业公司作出罚款决定。

【典型意义】

本案涉及复杂的技术事实查明与法律适用问题，通过多次庭审逐步明确技术秘密的实质内涵，借助现场勘验手段查明侵权事实，合理分配举证责任，减轻权利人的举证负担，充分彰显了严惩不诚

① 载最高人民法院网站，https：//www.court.gov.cn/zixun-xiangqing-324491.html，最后访问时间：2022年7月8日。收录时有改动。

信行为、维护公平竞争秩序的司法导向。同时，针对当事人毁损重要证据的行为作出的罚款决定也表明了人民法院倡导诚实守信、惩戒失信，构建知识产权诉讼诚信体系的司法态度。

2. “××”技术秘密许可使用合同纠纷案

——商业秘密刑民交叉案件的处理

【案号】（2019）最高法知民终333号

【基本案情】

甲公司认为乙公司违反协议约定，利用甲公司要求保密的技术图纸生产横机设备的行为，侵害了甲公司的商业秘密，遂诉至法院。某市公安局针对乙公司涉嫌侵犯商业秘密罪有关事项立案侦查。一审法院认为，某市公安局侦查的事实涵盖了涉案协议和图纸相关内容，故裁定移送公安机关处理。乙公司不服，向最高人民法院提起上诉。最高人民法院二审认为，本案系甲公司以乙公司违反合同约定为由所提起的合同之诉，系技术秘密许可使用合同法律关系。而该市公安局所立案侦查的乙公司涉嫌商业秘密犯罪，系乙公司涉嫌侵犯甲公司商业秘密的侵权法律关系。二者所涉法律关系不同，并非基于同一法律事实所产生的法律关系，分别涉及经济纠纷和涉嫌经济犯罪，仅是二者所涉案件事实具有重合之处。一审法院应将与本案有牵连，但与本案不是同一法律关系的犯罪嫌疑线索、材料移送该市公安局，但也应继续审理本案所涉技术秘密许可使用合同纠纷，故裁定撤销一审裁定，指令一审法院审理。

【典型意义】

该案深入贯彻中央关于保护产权及保护企业家权益、构建良好法治营商环境的司法政策要求，明确了商业秘密刑民交叉案件的处理原则，既避免了民事诉讼当事人以涉嫌犯罪为由干扰民事诉讼程序的正常进行，保证民事案件的公正和及时处理，也避免了公安机关以经济纠纷为由拒绝刑事立案，导致刑事责任与民事责任混淆，影响司法公正和权威。

3. 视频网站账号不正当竞争纠纷案

——VIP 账号分时出租行为的认定

【案号】(2019) 京 73 民终 3263 号

【基本案情】

某网络视频公司是其官网和手机端 APP 的经营者，用户支付相应对价成为 VIP 会员后能够享受跳过广告和观看 VIP 视频等会员特权。甲公司、乙公司通过其运营的另一款 APP 对其购买的前述某网络视频 VIP 账号进行分时出租，使用户无须购买 VIP 账号、通过云流化技术手段即可限制部分功能。某网络视频公司诉至法院，要求消除影响并赔偿经济损失及合理开支 300 万元。一审法院认定甲公司、乙公司的涉案行为构成不正当竞争，判令其停止侵权，并赔偿某网络视频公司经济损失及合理开支共计 300 万元。甲公司、乙公司不服一审判决，提起上诉，二审法院认定，甲公司、乙公司的行为妨碍了某网络视频公司合法提供的网络服务的正常运行，主观恶意明显。甲公司、乙公司运用网络新技术向社会提供新产品并非基于促进行业新发展的需求，该行为从长远来看也将逐步降低市场活力，破坏竞争秩序和机制，阻碍网络视频市场的正常、有序发展，并最终造成消费者福祉的减损，具有不正当性。二审法院判决驳回上诉、维持一审判决。

【典型意义】

本案是对网络环境下新型不正当竞争行为进行有效规制的典型案例。该案体现了人民法院对互联网经营者与消费者合法利益的有效保护，同时也体现了人民法院对创新因素的考量。本案明确了网络视频行业中新商业模式的合理边界，彰显了人民法院促进网络平台有序发展、激发社会创新活力，打造公平竞争市场环境的司法导向。

4. **“××金融服务平台”不正当竞争纠纷案**

——网络抢购服务行为的认定

【案号】（2019）沪0115民初11133号

【基本案情】

某金融公司是知名互联网财富管理平台，某服务公司是其全资子公司。两者共同开设金融服务网站及手机应用（以下简称涉案平台），债权转让产品交易是其中的热门服务。为抢购债权转让产品，网站会员需经常登录涉案平台，频繁刷新关注债权转让产品信息。某软件公司提供“××代购工具”软件，用户通过安装运行该软件，无需关注涉案平台发布的债权转让产品信息即可根据预设条件实现自动抢购，并先于手动抢购的会员完成交易。某金融公司、某服务公司认为，某软件公司的上述行为构成不正当竞争，诉至法院。上海市浦东新区人民法院认为，某软件公司提供的抢购服务利用技术手段，为用户提供不正当的抢购优势，违反涉案平台既有的抢购规则并刻意绕过其监管措施，对涉案平台的用户粘性和营商环境造成严重破坏，应认定构成不正当竞争。上海市浦东新区人民法院判令某软件公司停止涉案不正当竞争行为、公开消除影响，并全额支持了某金融公司、某服务公司的赔偿主张。

【典型意义】

网络抢购服务是互联网金融迅猛发展的伴生品。本案明确了互联网不正当竞争案件的审理思路及裁判规则，及时回应了社会关切，兼顾了科技金融企业的竞争利益与投资用户的消费者权益，更对维护金融平台营商环境具有重要意义，为科技金融行业有序发展提供了明确的规则指引。本案判决后当事人息诉服判，案件取得了较好的法律效果和社会效果。

5. “××浏览器”不正当竞争纠纷

——浏览器屏蔽广告行为的认定

【案号】（2018）粤73民终1022号

【基本案情】

某传媒公司是某视频网站的经营者。某软件公司自2013年开始运营“××浏览器”。网络用户通过该浏览器的内置功能可以实现默认拦截屏蔽某视频网站片头广告及暂停广告、会员免广告的功能。某传媒公司认为某软件公司的行为构成不正当竞争，故诉至法院。一审法院判决驳回某传媒公司的诉讼请求。二审法院认为，某软件公司技术中立的抗辩不能成立，某软件公司的上述行为违反诚实信用原则和公认的商业道德、扰乱社会经济秩序，构成不正当竞争，判令某软件公司赔偿某传媒公司经济损失及合理开支80万元。

【典型意义】

浏览器屏蔽视频广告是社会关注度极高的互联网竞争行为，也是司法实践认定的难点。本案二审判决对浏览器屏蔽视频广告行为进行了多角度综合评价，细化了互联网不正当竞争行为认定的构成要素和适用场景，对反不正当竞争法一般条款适用等法律适用难点进行了有益探索。本案是人民法院面对新技术新业态新领域不断完善竞争法律规则的生动体现。

6. “××群控”不正当竞争纠纷案

——数据权益的不正当竞争保护

【案号】（2019）浙8601民初1987号

【基本案情】

某计算机公司、某科技公司（以下简称两原告）共同开发运营某社交软件“××”，为消费者提供即时社交通讯服务。浙江某公司、杭州某公司（以下简称两被告）开发运营“群控软件”，利用外挂技术将该软件中的“个人号”功能模块嵌套于前述××软件中运行，为购买该软件服务的××用户开展商业营销、商业管理活动提供帮助。两原告主张两被告擅自获取、使用涉案数据，构成不正当竞争，诉至法院。杭州铁路运输法院认为网络平台中的数据，以数据资源整体与单一数据个体划分，网络平台方所享有的是不同的数据权益。两被告的相关被诉行为已危及××软件的数据安全，违反了相关法律规定及商业道德，构成不正当竞争行为。杭州铁路运输法院判令两被告立即停止涉案不正当竞争行为，共同赔偿两原告经济损失及合理开支共计260万元。

【典型意义】

本案系全国首例涉及社交软件数据权益认定的案件。数据作为数字经济的关键生产要素已成为市场激烈竞争的重要资源，数据权益的权属、权利边界以及数据抓取行为的不正当性应如何判断，受到社会广泛关注。本案判决兼顾、平衡了各方利益，为数据权益司法保护提供了理性分析基础，也为构建数据权属规则、完善数字经济法律制度提供了可借鉴的司法例证。对防止数据垄断，促进数字经济创新发展亦具有积极意义。

7. 重庆某公司、谭某不正当竞争纠纷案

——网络刷单行为的不正当竞争认定

【案号】（2019）渝05民初3618号

【基本案情】

重庆某公司为自然人独资有限公司，谭某系该公司执行董事兼总经理，是该公司的唯一股东。重庆某公司、谭某自2017年12月至2019年7月分别开设了“××代商网”“××代刷网”等6个网站接受客户订单，将订单转让或转托他人，利用网络技术手段，对某计算机公司、某科技公司（以下简称两原告）的网站和产品服务内容信息的点击量、浏览量、阅读量进行虚假提高，并予以宣传，获取订单与转托刷量之间的差价。重庆市第五中级人民法院经审理认为，重庆某公司、谭某有偿提供虚假刷量服务的行为构成不正当竞争，判决重庆某公司与谭某连带赔偿两原告经济损失及合理开支共计120万元。

【典型意义】

本案是打击网络黑灰产业的典型案例，明确了互联网经营者有偿提供虚假刷量服务的行为违反诚实信用原则和商业道德，损害合法经营者、用户和消费者的权益，扰乱正常竞争秩序，应纳入反不正当竞争法予以规制。本案对反不正当竞争法规定的“其他”不正当竞争行为进行了有益探索，为审理涉及互联网黑灰产业的类似案件提供了裁判指引。

8. “供水公司”滥用市场支配地位纠纷案

——公用企业垄断行为的认定

【案号】（2018）桂01民初1190号

【基本案情】

某县供水公司是自来水供水公用企业。吴某某向该公司申请用水，某县供水公司要求其填写《用水报装申请表》，该申请表对用

水和水表安装一并进行约定，并同时要求签订供水协议、缴纳安装工程预缴款。吴某某缴纳了水表费、安装费共计2500元。后吴某某不同意签订《个人用户供水安装工程施工协议》，要求自行购买水表，退还施工服务费。某县供水公司既未退款，亦未给吴某某提供供水服务。吴某某认为某县供水公司的行为构成捆绑交易等四项滥用市场支配地位行为，遂诉至法院。广西壮族自治区南宁市中级人民法院经审理认为，某县供水公司在所辖地域范围内的城市公共供水服务具有市场支配地位。某县供水公司在该过程中并没有给予吴某某从别处购买供水设施材料和安装服务的选择权，据此认定某县供水公司系以在用户申请供水时需同时购买供水设施安装的方式实施了捆绑交易行为，该合同应认定为无效。广西壮族自治区南宁市中级人民法院判决某县供水公司返还吴某某安装费并支付利息，赔偿经济损失及合理开支。

【典型意义】

本案涉及公用企业垄断行为的认定。各类公用企业如自来水、电、燃气供应企业在初装时捆绑收取初装费、设备费时有发生。本案明确了公用企业市场支配地位以及滥用市场支配地位行为的认定标准，对同类案件具有借鉴意义。本案也为公用企业规范经营提供了清晰明确的行为指引，有助于公用企业在提供服务时避免滥用其市场支配地位，损害市场竞争。

9. “砖瓦协会”垄断纠纷案

——横向垄断协议实施者损害赔偿请求权的认定

【案号】（2020）最高法知民终1382号

【基本案情】

张某某主张其系在某市砖瓦协会的发起人甲公司、乙公司、曹某某等的胁迫下，加入该砖瓦协会，签订《停产整改合同》，并因该合同被迫停止生产。某市砖瓦协会及其发起人通过广泛签订上述合同，迫使当地部分砖瓦企业停产，通过减少砖瓦供应量，提高砖瓦价格，赢取不当利益，上述行为明显具有排除、限制竞争的目的，且在特定时间内实现了排除、限制竞争的效果，构成反垄断法规定的横向垄断协议。张某某因此诉至法院。一审法院认为，被诉行为构成对反垄断法的违反，侵害了张某某的权益，故判决甲公司、乙公司、曹某某、某市砖瓦协会连带赔偿张某某经济损失33.6万元、合理开支5000元。甲公司、曹某某、某市砖瓦协会不服，向最高人民法院提起上诉。最高人民法院二审认为，该案核心问题是，张某某作为该案横向垄断协议的实施者之一，是否有权要求该垄断协议的其他实施者赔偿其所谓经济损失。鉴于横向垄断协议实施者主张损害赔偿，实质上是要求瓜分垄断利益，故判决撤销一审判决，驳回张某某的全部诉讼请求。

【典型意义】

横向垄断协议实施者要求其他实施者赔付其因实施该横向垄断协议遭受的损失，本质上是要求在横向垄断协议实施者之间对垄断利益作重新分配。该案阐明了垄断民事救济的宗旨和导向，明确了请求损害赔偿救济者，其行为必须正当合法的基本原则，揭示了横向垄断协议实施者要求其他实施者赔偿所谓损失的瓜分垄断利益本质，对于打击横向垄断行为、维护公平竞争秩序、引导行业协会良性发展具有重要意义。

10. 某公司滥用市场支配地位纠纷案

——涉外标准必要专利垄断纠纷管辖权的确定

【案号】（2020）最高法知民辖终392号

【基本案情】

甲品牌手机公司及其深圳分公司是全球性智能终端制造商和移

动互联网服务提供商，其共同向广州知识产权法院提起诉讼，主张某公司（域外企业，下略）一方拥有无线通信领域相关标准必要专利，具有市场支配地位，在标准必要专利的许可协商中违反了公平、合理和无歧视的原则，实施了收取不公平高价许可费等滥用市场支配地位的行为，并就相同专利在不同国家提起诉讼，给甲品牌手机公司及其深圳分公司的经营行为造成负面影响和经济损失。某公司提出管辖权异议，主张在案证据不足以证明广州知识产权法院对该案具有管辖权，某公司已就标准必要专利许可问题在英国法院提起诉讼，本案应由英国法院审理。广州知识产权法院驳回了某公司的管辖权异议。某公司不服，提起上诉。最高人民法院二审认为，鉴于标准必要专利许可市场的特殊性，结合某公司已在其他国家提起专利侵权诉讼，可能对甲品牌手机公司等参与国内相关市场的竞争造成直接、实质、显著的排除与限制竞争效果，甲品牌手机公司住所地可以作为本案侵权结果发生地，广州知识产权法院对本案具有管辖权。

【典型意义】

本案涉及与标准必要专利有关的滥用市场支配地位垄断纠纷管辖问题。案件既涉及双方主体在全球不同司法辖区平行的标准必要专利侵权纠纷对我国法院管辖垄断纠纷的影响，又涉及垄断纠纷的相关案件事实发生在国外应否适用不方便法院原则的问题。本案裁定以反垄断法规定的域外适用原则为依据，对垄断纠纷的域外管辖问题进行了探索，明确了涉国际标准必要专利垄断纠纷案件的管辖规则，对人民法院依法积极行使对涉外反垄断案件的司法管辖权，充分发挥司法职能作用维护公平竞争的市场环境具有典型意义和促进作用。

2008—2018 年中国法院反垄断民事诉讼十大案件[①]（节录）

（最高人民法院 2018 年 11 月 16 日发布）

1. （略）

2. **吴某诉某电视公司捆绑交易纠纷再审案**［最高人民法院（2016）最高法民再 98 号民事判决］

【案情摘要】

某电视公司是经某省政府批准，当地唯一合法经营有线电视传输业务的经营者和唯一电视节目集中播控者。2012 年 5 月 10 日，吴某前往某电视公司缴纳数字电视基本收视维护费时获悉，数字电视基本收视维护费每月最低标准由 25 元上调至 30 元。吴某缴纳了 2012 年 5 月 10 日至 8 月 9 日的数字电视基本收视维护费 90 元。某电视公司向吴某出具的收费专用发票载明：数字电视基本收视维护费 75 元及数字电视节目费 15 元。之后，吴某通过某电视公司客户服务中心咨询，某电视公司节目升级，增加了不同的收费节目，有不同的套餐，其中最低套餐基本收视费每年 360 元，用户每次最少应缴纳 3 个月费用。之后，吴某获悉数字电视节目应由用户自由选择，自愿订购。吴某认为，该公司属于公用企业，在数字电视市场内具有支配地位，其收取数字电视节目费的行为剥夺了自己的自主选择权，构成搭售，故诉至法院，请求确认某电视公司 2012 年 5 月

① 载最高人民法院网站，https：//www. court. gov. cn/zixun－xiangqing－130571. html，最后访问时间：2022 年 7 月 8 日。收录时有改动。

10日收取其数字电视节目费15元的行为无效并返还其15元。一审法院确认某电视公司收取吴某数字电视节目费15元的行为无效，并判令某电视公司返还吴某15元。某电视公司不服，提起上诉。二审法院认为，某电视公司在销售时不仅提供了组合服务，也提供了基本服务，存在两种以上的选择。选择权既然存在，就不符合搭售行为的构成要件。二审法院遂判决撤销一审判决并驳回吴某的诉讼请求。吴某不服，向最高人民法院申请再审。最高人民法院裁定提审本案，并于2016年5月31日改判撤销二审判决，维持一审判决。最高人民法院认为，作为特定区域内唯一合法经营有线电视传输业务的经营者及电视节目集中播控者，在市场准入、市场份额、经营地位、经营规模等各要素上均具有优势，可以认定该经营者具有市场支配地位。

3. （略）

4. **某贸易公司诉某医疗器材公司纵向垄断协议纠纷上诉案**［上海市高级人民法院（2012）沪高民三（知）终字第63号民事判决］

【案情摘要】

某贸易公司作为某医疗器材公司医用缝线、吻合器等医疗器械产品的经销商，与某医疗器材公司已有15年的经销合作关系。2008年1月，某医疗器材公司与某贸易公司签订《经销合同》及附件，约定某贸易公司不得以低于某医疗器材公司规定的价格销售产品。2008年3月，某贸易公司在甲医院举行的医用缝线销售招标中以最低报价中标。2008年7月，某医疗器材公司以某贸易公司私自降价为由取消某贸易公司在乙医院、丙医院的经销权。2008年8月15日后，某医疗器材公司不再接受某贸易公司医用缝线产品订单，2008年9月完全停止了缝线产品、吻合器产品的供货。2009年，某医疗器材公司不再与某贸易公司续签经销合同。某贸易公司遂诉至法院，主张某医疗器材公司在经销合同中约定的限制最低转售价格条款，构成反垄断法所禁止的纵向垄断协议，请求判令某医疗器材公司赔偿因执行该垄断协议对某贸易公司低价竞标行为进行“处罚”而给其造成的经济损失人民币 1,439.93 万元。一审法院判决驳回某贸易公司的诉讼请求。某贸易公司不服，提起上诉。上海市高级人民法院二审认为，依据产品的需求、供给的替代性分析，应将本案的相关市场界定为中国大陆地区医用手术缝线市场，并且可以认定此相关市场竞争并不充分；某医疗器材公司凭借其在全球市场的优势、其丰富的产品品种、很高的产品声誉、其对销售渠道的控制以及其他优势，在竞争并不充分的本案相关市场具有很强的竞争优势和定价能力；某医疗器材公司对经销商的管理考评制度等证据表明其实施本案限制最低转售价格行为具有明显限制竞争的动机；某医疗器材公司所实施本案限制最低转售价格行为，导致中国大陆地区医用手术缝线市场的产品价格长期维持在较高水平，限制了市场竞争，而没有产生其他促进竞争的效果。综合上述情况，二审法院认定本案所涉限制最低转售价格协议属于反垄断法所禁止的垄断协议，某医疗器材公司制定、实施该协议并按该协议处罚某贸易公司的行为属违法行为，故判决某医疗器材公司赔偿某贸易公司经济损失人民币 53 万元。

5. **唐山某公司诉北京某公司滥用市场支配地位纠纷上诉案**［北京市高级人民法院（2010）高民终字第 489 号民事判决］

【案情摘要】

唐山某公司是某医药网的实际经营者。北京某公司是某搜索引擎网站的实际经营者。某搜索引擎的结果排名方式有两种：自然排名与竞价排名。唐山某公司认为，由于其降低了对某搜索引擎竞价排名的投入，北京某公司即对某医药网进行了全面屏蔽，从而导致某医药网访问量大幅度降低，北京某公司的行为构成滥用市场支配地位、强迫唐山某公司进行竞价排名交易的行为。法院经审理认为，即使是搜索引擎服务商向用户提供免费搜索服务，依然存在反垄断法意义上的相关市场；使用中文搜索引擎的多数用户位于中国，而中国用户可以选择并获取的具有较为紧密替代关系的搜索引擎服务一般也来源于中国境内，可以确定中国为本案的相关地域市场。唐山某公司主张北京某公司占据相关市场支配地位，事实依据不足。遂判决驳回唐山某公司的诉讼请求。

6. 娄某诉某水产批发协会横向垄断协议纠纷上诉案［北京市高级人民法院（2013）高民终字第4325号民事判决］

【案情摘要】

某水产批发协会在其《水产批发行业协会手册》中的“奖罚规定”部分规定，“禁止会员向非会员销售整件扇贝”，“禁止会员不正当竞争，不按协会规定的销售价格折价销售扇贝”，同时在协会内部执行上述规定，并多次就某品牌扇贝价格进行研究并予以确定。娄某退出某水产批发协会后无法获得某品牌扇贝供货渠道，无法销售该品牌扇贝。娄某认为某水产批发协会的上述行为侵害其合法权益。两审法院均认为某水产批发协会的行为构成反垄断法所禁止的横向垄断协议。具体而言，某水产批发协会于2011年9月29日登记成立之后，多次组织会议对不同种类扇贝产品的销售价格、不按规定价格折价销售的处罚措施等进行讨论并作出相应的决定，通过固定和变更价格来减少甚至消除会员之间的竞争，提高销售利润，损害了消费者的利益，违反了反垄断法的规定。

7. 某电器商店诉某贸易公司、某电器公司纵向垄断协议纠纷上诉案［广东省高级人民法院（2016）粤民终1771号民事判决］

【案情摘要】

某电器商店（合同丙方）与某贸易公司（合同甲方）、某电器公司（合同乙方）签订 2012 年度、2013 年度《家用空调销售三方协议》，明确约定：丙方必须遵守甲方市场管理规范的相关制度及要求，终端销售过程中最低零售价不得低于甲方每期的最低零售价，不得产生任何形式的低价行为。2015 年年初，某电器商店拟解除与某贸易公司和某电器公司的合作关系。某电器公司以某电器商店在 2013 年 2 月期间违反约定，以低于最低零售价的价格销售产品，被某贸易公司按约定罚款 13000 元为由，未全数退还某电器商店缴纳的“维护诚意押金”，某电器商店遂诉至法院。某电器商店主张，某贸易公司控制销售价格，限制某电器商店作为经销商不得低于其制定的最低零售价格售卖电器商品，属垄断行为。法院经审理后认为，纵向垄断协议应当由原告对本案限制最低转售价格协议是否具有排除、限制竞争效果承担证明责任，举证不力的法律后果由原告承担。本案现有证据不足以证明涉案限制最低转售价格的协议具有排除、限制竞争的效果，遂判决驳回某电器商店的诉讼请求。

8. **某气瓶检验公司诉某天然气公司拒绝交易纠纷上诉案**［江苏省高级人民法院（2012）苏知民终字第 0004 号民事判决］

【案情摘要】

某气瓶检验公司向一审法院提起诉讼称，某气瓶检验公司系从事车用压缩天然气气瓶检验、安装的企业。某天然气公司系当地唯一从事天然气汽车加气业务的企业。某天然气公司利用其市场支配地位，排除市场竞争，拒绝为某气瓶检验公司安装的天然气出租车办理 IC 加气卡，致使汽车无法正常加气，影响了某气瓶检验公司的正常经营，损害了某气瓶检验公司合法权益。某气瓶检验公司遂请求法院依据反垄断法的相关规定，确认某天然气公司实施了拒绝交易的垄断行为，并判令其履行交易义务及赔偿某气瓶检验公司相应的经济损失。法院经审理认为，不能认定涉案被诉行为构成拒绝交易。合同法上的迟延交易行为与反垄断法上的拒绝交易行为具有明确的法律界限，认定构成垄断行为必须严格把握法定要件。占市场支配地位的企业未能按照购买者的要求及时提供商品或者服务，并不一定构成拒绝交易；只有在该行为导致了市场竞争受到排除或限制时，才构成反垄断法规制的拒绝交易行为。

9. **刘某诉某实业公司、某汽车公司滥用市场支配地位纠纷上诉案**［湖南省高级人民法院（2012）湘高法民三终字第22号民事判决］

【案情摘要】

刘某系某品牌小型轿车的车主。2011年10月22日，刘某就该车辆到某实业公司处维修。某实业公司工作人员接待并经相应检查，确定该车维修内容为更换左前门锁芯。随后，某实业公司工作人员向刘某提供了维修服务，并收取小型轿车维修零件费用307元，维修工时费300元。刘某另提供证据显示，其他两家非该汽车品牌特许经营维修厂商提供相同服务的工时费分别为50元和40元。刘某遂以某汽车公司和某实业公司的配件销售和维修政策具有反竞争性为由向法院提起诉讼。法院经审理认为，当前我国汽车销售采取特许经营模式，汽车生产商将原厂配件限定在4S店销售及保修，该行为并不必然具有反竞争性。本案相关商品市场范围应为某品牌汽车门锁配件商品市场，包括某汽车公司提供的“原厂配件”和其他企业提供的“副厂配件”。本案证据不足以证明某汽车公司和某实业公司在上述相关市场具有支配地位，故刘某主张两公司滥用市场支配地位的主张亦不能成立，遂判决驳回刘某的诉讼请求。

10. **潘某与某拍卖公司滥用市场支配地位纠纷案**［上海知识产权法院（2016）沪73民初728号民事判决］

【案情摘要】

潘某系上海市市民，多次参与某拍卖公司组织的某市非营利性客车额度拍卖，但未获成功。某拍卖公司根据某市交通委员会的委托，为某市非营业性客车额度的唯一拍卖公司。某拍卖公司对于参加拍卖的竞拍者收取2000元保证金，并收取每次100元拍卖手续费。潘某提起诉讼认为，作为非营利性客车额度拍卖市场上唯一拍卖机构，某拍卖公司利用其在当地非营利性客车额度拍卖市场的支配地位，对竞拍者收取高额保证金和拍卖手续费，构成滥用市场地位的垄断行为，诉请法院确认某拍卖公司高额收费的行为属于垄断行为，并赔偿其经济损失300元。法院经审理认为，某市非营利性客车额度属于由政府统一调控和管理的社会公共资源，不属于市场交易的商品或服务。对非营业性客车额度组织竞价拍卖，是政府交通管理职能部门调控和管理这种公共资源的一种具体方式。某拍卖公司接受委托所提供的此项拍卖服务本质上不构成反垄断法规定的可以竞争的商品或服务市场，不属于反垄断法的调整范畴，遂判决驳回潘某的诉讼请求。

竞争垄断十大典型案例①

（北京知识产权法院2022年3月16日发布）

案例一：某协会被诉滥用市场支配地位案

【基本信息】

案号：（2018）京73民初1527号

原告：某新媒体公司

被告：某协会

【案情】

原告某新媒体公司系VOD（Video On Demand）点播设备生产企

① 载北京知识产权法院网站，https://bjzcfy.chinacourt.gov.cn/article/detail/2022/03/id/6579364.shtml，最后访问时间：2022年7月8日。收录时有改动，点评内容省略。

业，原告认为被告某协会在KTV音像作品著作权使用许可市场具有市场支配地位，其拒绝签订《许可协议》的行为以及《许可协议》的部分条款内容违反了《中华人民共和国反垄断法》的相关规定，属于滥用市场支配地位的垄断行为，故诉至法院，要求被告以合理条件与其签订许可使用合同等，并赔偿经济损失。

法院经审理认为，被告在中国大陆地区以类似摄制电影的方法创作的作品（简称类电影作品）及录音录像制品（简称音像制品）在KTV经营中的许可使用市场具有市场支配地位。鉴于原告在履行双方《许可协议》过程中存在违约行为，被告在此前提下考虑原告具有不良信用记录等情况，拒绝与其签约，具有正当理由，没有产生阻碍或限制竞争的效果。《许可协议》中关于原告"应提示KTV经营者向被告支付著作权使用费"等约定的目的在于协助被告收取著作权使用费，亦没有产生阻碍或限制竞争的效果。故被告的涉案行为未违反反垄断法的规定，据此判决驳回原告的诉讼请求。

案例二：某通信公司被诉滥用市场支配地位案

【基本信息】

案号：（2017）京73民初1671号

原告：某通信公司

被告：某投资公司、某系统公司、某系统公司北京分公司

【案情】

原告某通信公司认为被告一某投资公司、被告二某系统公司、被告三某系统公司北京分公司在某市地铁专网通信市场具有市场支配地位，并实施了限定交易、拒绝交易的行为，违反了《中华人民共和国反垄断法》的规定，给原告带来了损害，故诉至法院，要求三被告停止被诉滥用市场支配地位的行为，并连带赔偿原告经济损失及合理支出。

法院经审理认为，每一次单独的招投标事件构成一个单独的相关市场，被告二在涉案地铁专用无线通信设备的招标事件发生时具有市场支配地位，但被告二给客户出具的《制造厂商说明函》以及拒绝开放 API 端口等行为并未导致排除及限制竞争的后果，不构成反垄断法规定的限定交易、拒绝交易行为，且被告二拒绝开放 API 端口具有正当理由，故原告主张被告二滥用市场支配地位不能成立。被告一、被告三均未直接实施任何被诉行为，不属于本案适格被告。据此，法院驳回了原告的全部诉讼请求。

案例三：某石油公司被诉滥用市场支配地位案

【基本信息】

案号：（2017）京 73 民初 1788 号

原告：某油井服务公司

被告：某石油公司、某国际公司

【案情】

被告某石油公司、某国际公司享有某地油田的相关权益。原告某油井服务公司在某地油田建设了两台锅炉，为被告二某国际公司提供注气服务，双方自 2001 年至 2013 年逐年签订了多份协议。协议终止后，被告二不再与原告续签。原告认为，二被告在某地油田开采所需的注汽服务市场具有市场支配地位，二被告通过实施差别待遇和拒绝交易，排除、限制了原告在正常竞争秩序中可以合法获取的利益，违反了《中华人民共和国反垄断法》的规定，故诉至法院，要求二被告立即停止涉诉滥用市场支配地位行为，并赔偿原告经济损失。

法院经审理认为，被诉行为涉及买方滥用市场支配地位，在案证据不足以证明二被告在本案所涉及的全国稠油油田产区固定式锅炉注汽服务市场内具有市场支配地位。被告二不再与原告续约符合合同自由原则，且涉案油田产量和销量持续下降，被告二拒绝与原告交易具有正当理由。原告与某案外公司在规模和能力、信用状况、交易安全等方面存在明显差别，被告二与该案外公司进行交易不构成差别待遇。被诉拒绝交易和差别待遇行为影响的是交易关系的一方，而非需要由反垄断法所调整的竞争关系和竞争秩序。据此，法院判决驳回了原告全部诉讼请求。

案例四："直播浏览器"不正当竞争案

【基本信息】

案号：（2019）京73民终2989号

上诉人（原审被告）：某信息技术公司、某体育文化发展公司

被上诉人（原审原告）：某国际网络公司

【案情】

被上诉人某国际网络公司认为上诉人某信息技术公司、某体育文化发展公司在涉案网站设置专题，对体育赛事节目的链接进行排列、整理，涉案直播浏览器全程、实时利用被上诉人网站的体育赛事节目增加主播直播内容、与观众互动，不当利用被上诉人网站的竞争优势，获取不正当商业利益，违反了1993年《中华人民共和国反不正当竞争法》第二条的规定，故诉至法院，要求上诉人赔偿经济损失及合理开支。

法院经审理认为，用户在涉案直播浏览器中观看体育赛事节目的基础上被默认增加不受被上诉人控制的主播直播内容，在某种程度上不当干扰了被上诉人赛事节目的正常播放，损害了被上诉人的合法权益。若允许此种以"直播浏览器"的形式免费利用赛事节目资源并招募主播进行解说的经营模式存在，将导致没有视频平台愿意付费播放被上诉人的赛事节目，损害了被上诉人通过授权其他网络视频平台播放赛事节目而可能获得的经济利益。涉案行为如不被规制，体育赛事节目制作方可得收益减少，将缺乏动力花费高额的资金获取体育赛事转播权，最终可能破坏体育赛事转播行业生态，贬损消费者的长

远利益。据此，法院认定上诉人的行为构成不正当竞争，并判决上诉人赔偿被上诉人经济损失及合理开支共计500万元。

案例五：分时段出租视频网站VIP账号不正当竞争案

【基本信息】

案号：(2019) 京73民终3263号

上诉人（原审被告）：某网络科技公司、某科技有限公司

被上诉人（原审原告）：某艺科技公司

【案情】

被上诉人某艺科技公司认为上诉人某网络科技公司、某科技有限公司通过其共同运营的涉案APP非法出租VIP账号并通过技术手段对涉案APP中的部分功能进行限制，构成不正当竞争，违反了2017年《中华人民共和国反不正当竞争法》第十二条第二款第四项和第二条的规定，故诉至法院，要求上诉人停止侵权并赔偿经济损失及合理开支。

法院经审理认为，涉案APP对VIP账号进行分时出租的行为使得涉案APP用户无需向被上诉人付费即可接受VIP视频服务，并通过技术手段对APP中的部分功能进行限制。被诉行为为上诉人增加了交易机会，干扰了被上诉人视频网站的运营模式和盈利方式，直接损害了被上诉人基于VIP视频服务所产生的经营收益，还会阻碍网络视频市场的正常、有序发展，并最终造成消费者福祉的减损，已构成不正当竞争。据此，法院判决上诉人停止侵权，并赔偿被上诉人经济损失及合理开支共计300万元。

案例六："边录边播""一键分享"不正当竞争案

【基本信息】

案号：(2021) 京73民终496号

上诉人（原审被告）：某虎科技公司

被上诉人（原审原告）：某艺科技公司

【案情】

被上诉人某艺科技公司认为，上诉人某虎网络公司开发的浏览器通过提供“边录边播”“一键分享”的功能，诱导用户通过浏览器访问被上诉人旗下视频网站，完成作品的录制，并向第三方平台传播，进行分成牟利，该行为破坏了该视频网站正常合法的网络服务，违反了《中华人民共和国反不正当竞争法》的规定，故诉至法院，要求上诉人赔偿经济损失。

法院经审理认为，上诉人与被上诉人均为互联网业务经营主体，涉案浏览器提供的“边播边录”和“一键分享”功能，诱导用户避开“禁止下载”等技术措施，并对作品实现免费传播，导致被上诉人的经营资源受损，进而造成其用户流量的流失，使被上诉人合法提供的网络服务的正常运行受到破坏，涉诉行为构成不正当竞争行为。上诉人关于技术中立的理由不能成立，如果合法的经营活动可以被其他经营者随意干涉、妨碍、破坏，则必将使得经营者对自己的经营活动无法预期，进而对合法有序的市场竞争秩序造成损害。据此，法院判决上诉人消除影响，并赔偿被上诉人经济损失 30 万元。

案例七：“省××”插件不正当竞争案

【基本信息】

案号：（2021）京 73 民终 1092 号

上诉人（原审被告）：某网聘公司

被上诉人（原审原告）：某人才服务公司、某咨询公司

【案情】

某人才招聘服务网站“××招聘”由被上诉人某人才服务公司、某咨询公司共同运营。被上诉人认为，上诉人在其微信公众号中使用“××招聘”字样，通过“省××”插件在“××招聘”网站插入链

接进行比价及获取简历资源，以及在“××招聘”网站以虚假简历形式投放广告等行为，违反了《中华人民共和国反不正当竞争法》的规定，故诉至法院，请求判决上诉人停止涉案不正当竞争行为、消除影响及赔偿经济损失。

法院经审理认为，在案证据表明“××招聘”经过被上诉人的长期经营和宣传，在国内招聘领域已经具有一定知名度，上诉人在其微信公众号中使用“××招聘”字样，属于擅自使用他人有一定影响的企业名称的混淆行为。上诉人通过“省××”插件在“××招聘”网站插入链接，进行比价及获取简历资源，截取了“××招聘”网站的用户流量，破坏了被上诉人正常的商业经营模式，具有不正当性。上诉人在“××招聘”网站以虚假简历形式投放广告，扰乱了“××招聘”网站的正常经营。据此，法院判决上诉人立即停止涉案不正当竞争行为，消除影响并赔偿被上诉人经济损失及合理费用共计100余万元。

案例八：擅自抓取后台数据不正当竞争案

【基本信息】

案号：（2019）京73民终3789号

上诉人（原审被告）：某软件公司

被上诉人（原审原告）：某网络技术公司

【案情】

被上诉人某网络技术公司系某社交软件的运营方，为消费者提供基于用户关系的社交媒体平台。上诉人某软件公司通过自身运营的手机端应用程序等为其用户提供某社交软件数据服务，具体包括获取、存储、展示和分析某社交软件平台数据，并形成数据分析报告。被上诉人认为，上诉人擅自获取、存储、展示和使用某社交软件平台数据的行为构成不正当竞争，故诉至法院，要求上诉人立即停止涉案不正当竞争行为，消除影响并赔偿经济损失。

法院经审理认为，某社交软件平台数据可以分为公开和非公开数据，对于公开数据，可以通过网络爬虫等自动化程序获取并进行二次利用；对于非公开数据，只有在采取合法正当手段的情况下方可获取。本案中，在双方当事人不存在合作关系，且不能证明采用的技术手段具备合法正当性的情况下，能够合理推定上诉人利用了技术手段破坏或绕开了被上诉人所设定的访问权限，从而获取某社交软件平台非公开数据。上诉人获取、存储、展示和使用某社交软件平台数据的行为，干扰了某社交软件平台的正常运行，给被上诉人增加了经营成本，并影响被上诉人对外授权并获得相关收益，构成不正当竞争行为。据此，法院判决上诉人停止不正当竞争行为、消除影响并赔偿被上诉人经济损失及合理费用共计 528 万元。

案例九："××包子铺"不正当竞争案

【基本信息】

案号：（2020）京 73 民终 3501 号

上诉人（原审被告）：北京某阁餐饮公司

被上诉人（原审原告）：北京某居餐饮公司

【案情】

某饭铺创始于 1921 年，经公私合营更名为"××包子铺"。2001 年，"××包子铺"因历史原因暂停营业。被上诉人经授权取得"××包子铺"品牌经营及维权的权利。被上诉人认为上诉人开设的店铺擅自使用"××包子铺"名称，构成不正当竞争行为，故诉至法院，要求上诉人停止使用"××包子铺"店铺名称、消除影响及赔偿经济损失。

法院经审理认为，"××包子铺"作为店铺招牌持续经营，经过长期使用和历史沉淀，已经形成较为丰厚的品牌价值，与其经营者形成了较为稳定的对应关系。虽然"××包子铺"在较长时间内未实体经营，但相关媒体报道表明，相关公众仍将该老字号积蓄的美誉度与其早年经营者相联系，其所享有的历史商誉、知名度以及潜在的商业价值仍持续存在，应当得到保护。上诉人作为同地区同行业的经营者，在临近“××包子铺”原址的位置，开设主营业务及字号相同的店铺，明显具有不正当意图，损害了被上诉人的合法商业利益，扰乱了公平竞争的经营秩序，构成不正当竞争。据此，法院判决上诉人停止使用“××包子铺”店铺名称、消除影响并赔偿被上诉人经济损失及合理费用1万元。

案例十：高尔夫经营者侵害客户名单商业秘密案

【基本信息】

案号：（2018）京73民终686号

上诉人（原审原告）：某体育文化公司、某文化发展公司、某旅游公司

上诉人（原审被告）：某体育投资公司、金某、徐某、姚某

被上诉人（原审被告）：孙某、王某

【案情】

原审原告三公司系国内高尔夫球服务经营商，为国内金融机构的VIP客户提供高尔夫增值服务。原审被告金某等5人原系原审原告的员工，分别担任球场部经理、大客户部经理等职务，于2012年至2013年先后离职并入职原审被告某体育投资公司。原审原告认为，其与相关高尔夫球场的合作信息、球场管理系统数据及与相关银行的合作信息等经营信息均构成商业秘密，金某等5人未经许可将上述信息披露给某体育投资公司使用。某体育投资公司明知金某等5人非法披露上述信息，仍在经营中积极利用并谋取利益，侵犯了原审原告的商业秘密。故诉至法院，要求原审被告停止侵犯原审原告的商业秘密，并赔偿经济损失。

法院经审理认为，原审原告在持续多年的经营活动中积累的与众多高尔夫球场和多家银行关于合作价格、合作模式等经营信息，不为相关领域内从业人员普遍知悉，具有商业价值，且采取了保密

措施，构成商业秘密。金某、姚某、徐某等 3 人在职期间有机会接触涉案商业秘密，在入职某体育投资公司后，违反保密合同约定，将涉案商业秘密向某体育投资公司披露；某体育投资公司明知金某等 3 人非法披露涉案商业秘密仍在经营中积极利用，上述行为侵犯了原审原告的商业秘密。据此，法院判决原审被告某体育投资公司、金某等 3 人停止侵犯涉案商业秘密并赔偿原审原告经济损失及合理费用共计 799 万元。

图书在版编目（CIP）数据

反垄断法实用指南：含文书范本、典型案例 / 中国法制出版社编. —北京：中国法制出版社，2022.7
ISBN 978-7-5216-2768-8

Ⅰ. ①反… Ⅱ. ①中… Ⅲ. ①反垄断法-中国-指南 Ⅳ. ①D922.294-62

中国版本图书馆 CIP 数据核字（2022）第 122496 号

责任编辑：赵律玮　　　　封面设计：李　宁

反垄断法实用指南：含文书范本、典型案例

FANLONGDUANFA SHIYONG ZHINAN：HAN WENSHU FANBEN、DIANXING ANLI

编者/中国法制出版社
经销/新华书店
印刷/三河市国英印务有限公司
开本/880 毫米×1230 毫米　32 开　　　　印张/ 8.5　字数/ 176 千
版次/2022 年 7 月第 1 版　　　　2022 年 7 月第 1 次印刷

中国法制出版社出版
书号 ISBN 978-7-5216-2768-8　　　　定价：35.00 元

北京市西城区西便门西里甲 16 号西便门办公区
邮政编码：100053　　　　传真：010-63141600
网址：http：//www.zgfzs.com　　　　**编辑部电话：010-63141793**
市场营销部电话：010-63141612　　　　**印务部电话：010-63141606**

（如有印装质量问题，请与本社印务部联系。）